はじめてでも失敗しない
クッキー、マフィン、スコーン、パウンド …

ボウルひとつで作れる
たくさんの焼き菓子

真藤舞衣子

COOKIE
MUFFIN
SCONE
CAKE

LOVELY BAKED CONFECTIONERY
CARRIES HAPPINESS TO OUR LIFE.

はじめに

母が朝食によく作ってくれたバナナケーキ。
アメリカ人の友だちのお母さんから教わった
クッキーやケーキ。
物心もつかないぐらい幼いころから、
お菓子作りは、私の生活の中にあたり前にあり、
オーブンから漂う甘い香りに
たくさんの幸せな記憶が包まれています。

クッキー、マフィン、スコーン、パウンド…。
この本では、ボウルひとつあれば、
すぐに作れる気軽なお菓子を紹介しています。

いちばん大切にしていることは、"食感"です。
シンプルなレシピですが、
材料を入れる順番や生地ののばし方など、ちょっとした工夫で
さくっ、ふわっ、ほろり、しっとり、といった
表情豊かなおいしさに仕上がります。

さらに、気負わずに作ってもらえるよう、
アレンジしやすいレシピを心がけました。
豆乳がなければ、牛乳に。
全粒粉がなければ、薄力粉に。
クランベリーがなければ、レーズンに。
菜種油がなければ、ごま油に置き換えても構いません。
ベースとなるレシピを参考に、もっと自由に
自分なりのお菓子を楽しんでいただけたらと思います。

そして、この本を手にとってくださったみなさまが、
それぞれの生活の中で、お菓子作りを通して
楽しい時間を過ごしていただけたら
とてもうれしく思います。

——— 真藤舞衣子

Cookie

基本のBISCOTTI

基本のSNOW BALL

基本のSHORTBREAD

基本のICEBOX COOKIE

基本のCRACKER

基本のDROP COOKIE

Muffin

基本のSWEET MUFFIN

Fruits Muffin

基本のVEGGIE MUFFIN

基本のSAVORY MUFFIN

【この本の約束ごと】※小さじ1は5mℓ、大さじ1は15mℓです。※豆乳は成分無調整のものを使用しています。※バターはすべて食塩不使用（無塩）のものを使用しています。◎オーブンについて／オーブンは電気オーブンを使用しています。オーブンは機種によって焼き加減に差があるので、ご家庭のオーブンのクセをつかむことも大事です。また、焼き色にムラがある場合は、途中でお菓子の位置を前後入れ替えることで、焼き色が均一になります。オーブンを前もって、設定温度に予熱しておくことも重要です。◎保存について／スコーンとケーキは1個（または1切れ）ずつラップで包んで保存袋に入れ、冷蔵室で1〜2日、冷凍室で1週間ほど保存可能です。食べるときに、オーブンで軽く温めてください（冷凍した場合は、前日から冷蔵室に入れて自然解凍を）。ただし、保存期間は目安ですので、なるべく早めに食べ切りましょう。

Scone

基本のVEGGIE SCONE

Savory Veggie Scone

基本のMILK SCONE

Savory Milk Scone

Cake

基本のPOUND CAKE

Savory Pound Cake

基本のTOFU CAKE

基本のBROWNIE

基本のCHEESECAKE

FAR BRETON

Cookie

クッキーは、形、味、食感…と、種類は無限です。
作りたてのおいしさは手作りならでは。
ぜひお試しください。

基本のBISCOTTI

粉類と油をサラサラの状態に合わせることが成功の秘訣。
油で粉をコーティングすることで、食感がよくなります。
生地を切るときは、押さえつけずに引く! これが大事です。

ALMOND BISCOTTI

全粒粉アーモンドビスコッティ

アーモンドはスライスタイプがなければ、好みのものでどうぞ。
ホールのまま入れても、細かく刻んでも、おいしく仕上がります。

材料（作りやすい分量）

アーモンド（スライス）…120g
全粒粉…100g
薄力粉…80g
砂糖…80g
菜種油
　（またはオリーブ油）…30g
卵（L玉）…1個
豆乳…大さじ1

下準備

● アーモンドは160度に温めたオー
　ブンで10分ほど焼く。

作り方

1 全粒粉、薄力粉、砂糖を合わせてざるに入れ、ボウルに
　ふるい入れる。オリーブ油を加え（a）、カードまたは手
　でよくすり合わせてサラサラの状態にする（b）。
2 卵は溶きほぐし、豆乳を加えてよく混ぜ、①に加える
　（c）。カードなどで混ぜ合わせ、粉っぽさがなくなってき
　たらアーモンドを加えて混ぜ合わせる（d）。
3 ②の生地をラップの上に取り出して包み、10×17cmほど
　の楕円形に成形する（e）。ラップをはずして、オーブン
　用シートを敷いた天板の上にのせ、180度に温めたオー
　ブンで20分ほど焼く。取り出してそのまま冷まし、粗熱
　をとる。
4 ③をボードの上に取り出し、1cm厚さに切る（f）。断面
　を見せるようにしてオーブン用シートを敷いた天板の上
　に並べ、160度に温めたオーブンで20〜30分ほど焼き、
　そのまま冷ます。

COCOA ORANGE BISCOTTI

ココアとオレンジピールの
ビスコッティ

オレンジピールの甘みと苦みがココアと相性抜群です。
紅茶やコーヒーといっしょに、ほっとひと息つくのもいいかも。

材料（作りやすい分量）

アーモンド（スライス）…70g
オレンジピール…50g
全粒粉…100g
薄力粉…80g
ココアパウダー…大さじ1
砂糖…80g
菜種油（またはオリーブ油）…30g
卵（L玉）…1個
豆乳…大さじ1

下準備

● アーモンドは160度に温めたオーブンで10分ほど焼く。
● オレンジピールは細かく刻む。

作り方

1 全粒粉、薄力粉、ココアパウダー、砂糖を合わせてざるに入れ、ボウルにふるい入れる。オリーブ油を加え、カードまたは手でよくすり合わせてサラサラの状態にする。

2 卵は溶きほぐし、豆乳を加えてよく混ぜ、①に加える。カードなどで混ぜ合わせ、粉っぽさがなくなってきたらアーモンド、オレンジピールを加えて混ぜ合わせる。

3 ②の生地をラップの上に取り出して包み、10×17cmほどの楕円形に成形する。ラップをはずして、オーブン用シートを敷いた天板の上にのせ、180度に温めたオーブンで20分ほど焼く。取り出してそのまま粗熱をとる。

4 ③をボードの上に取り出し、1cm厚さに切る。断面を見せるようにしてオーブン用シートを敷いた天板に並べ、160度に温めたオーブンで20〜30分ほど焼き、そのまま冷ます。

RAISIN ALMOND BISCOTTI

レーズンとアーモンドの
ビスコッティ

レーズンで自然な甘みをプラスしましょう。
ザックザクの食べごたえは、大満足間違いなしです。

材料（作りやすい分量）

アーモンド（スライス）…70g
全粒粉…100g
薄力粉…80g
シナモン（パウダー）…大さじ1
砂糖…80g
菜種油（またはオリーブ油）…30g
卵（L玉）…1個
豆乳…大さじ1
レーズン…50g

下準備

● アーモンドは160度に温めたオーブンで10分ほど焼く。

作り方

1 全粒粉、薄力粉、シナモン、砂糖を合わせてざるに入れ、ボウルにふるい入れる。オリーブ油を加え、カードまたは手でよくすり合わせてサラサラの状態にする。

2 卵は溶きほぐし、豆乳を加えてよく混ぜ、①に加える。カードなどで混ぜ合わせ、粉っぽさがなくなってきたらアーモンド、レーズンを加えて混ぜ合わせる。

3 ②の生地をラップの上に取り出して包み、10×17cmほどの楕円形に成形する。ラップをはずして、オーブン用シートを敷いた天板の上にのせ、180度に温めたオーブンで20分ほど焼く。取り出してそのまま粗熱をとる。

4 ③をボードの上に取り出し、1cm厚さに切る。断面を見せるようにしてオーブン用シートを敷いた天板に並べ、160度に温めたオーブンで20〜30分ほど焼き、そのまま冷ます。

基本のSNOW BALL

粉糖を生地に練り込むことで、ホロホロの食感に。
また、焼く直前に冷凍室で冷やすことで
生地を焼いても広がらず、まん丸のコロンとした形に仕上がります。

SNOW BALL

スノーボール

生地を成形するときは、空気が入らないように注意を。
少し押さえながら丸めることが、おいしさにつながります。

材料（24個分）
バター（無塩）…100g
薄力粉…100g
アーモンドプードル…60g
コーンスターチ…20g
粉糖…30g
バニラエクストラクト…小さじ1
（またはバニラエッセンス…少々）

下準備
●バターは室温に置いて、やわらか
　くする。

作り方

1　薄力粉、アーモンドプードル、コーンスターチを合わせてざ
　るに入れ、オーブン用シートの上にふるう。

2　大きめのボウルにバターを入れて、泡立て器でなめらかにな
　るまでよく混ぜる。粉糖を加え（a）、よく混ぜ合わせる。バ
　ニラエクストラクトも加えて混ぜ合わせたら、①を加えてカー
　ドで切るようにしてさっくり混ぜ合わせる（b）。

3　②の生地を軽くまとめ、半量ずつラップの上に取り出して包
　み（c）、直径約3㎝の棒状に成形する。ラップをはずし、12
　等分ずつに切る（d）（※生地を棒状に成形したときにやわら
　かすぎて切れない場合は、冷凍室で5分ほど寝かせると切り
　やすくなる）。

4　③の生地を1つずつ丸め、オーブン用シートを敷いた天板の
　上に並べる（e）。そのまま20分ほど冷凍室で休ませる（※天板
　が冷凍室に入らない場合は、バットなどに並べる）。

5　④を170度に温めたオーブンで18分ほど焼く。取り出してそ
　のまま冷まし、茶こしに粉糖適量（分量外）を入れてふるう（f）
　（※ビニール袋に粉糖とクッキーを入れてまぶしてもOK）。

JAM BALL

ジャムボール　ジャムは、いちご、オレンジ、アプリコットなどを選ぶと、
仕上がりの色味もキレイで、おすすめです。

材料（24個分）

バター（無塩）…100g
薄力粉…100g
アーモンドプードル…60g
コーンスターチ…20g
粉糖…30g
バニラエクストラクト…小さじ1
　（またはバニラエッセンス…少々）
ジャム（いちご）…適量

下準備

● バターは室温に置いて、やわら
　かくする。

作り方

1 薄力粉、アーモンドプードル、コーンスターチを合わせ
　てざるに入れ、オーブン用シートの上にふるう。
2 大きめのボウルにバターを入れて、泡立て器でなめらか
　になるまでよく混ぜる。粉糖を加え、よく混ぜ合わせる。
　バニラエクストラクトも加えて混ぜ合わせたら、①も加
　えてカードで切るようにしてさっくり混ぜ合わせる。
3 ②の生地を軽くまとめ、半量ずつラップの上に取り出し
　て包み、直径約3㎝の棒状に成形する。ラップをはずし、
　12等分ずつに切る。
4 ③の生地を1つずつ丸め、オーブン用シートを敷いた天
　板の上に並べる。生地の表面を指で軽く押してくぼみを
　作り、ジャムを均等に入れる。そのまま20分ほど冷凍室
　で休ませる。
5 ④を170度に温めたオーブンで18分ほど焼く。取り出し
　てそのまま冷ます。

基本のSHORTBREAD

焼いて生地の横側が膨らんでしまったときは、
まだ熱いうちにカードで左右からグッと押さえると、
断面をまっすぐに保つことができます。

SHORTBREAD

ショートブレッド | 保存するとき、湿気は大敵です。密閉容器に乾燥剤を入れ、
冷蔵室で保存するとサクサクのおいしさをキープできます。

材料（作りやすい分量）

バター（無塩）…110g
薄力粉…170g
コーンスターチ…10g
塩…小さじ½
バニラシュガー（または砂糖）…60g

下準備

● バターは室温に置いて、やわらか
くする。

作り方

1 薄力粉、コーンスターチ、塩を合わせてざるに入れ、オーブン用
シートの上にふるう。

2 大きめのボウルにバター、バニラシュガーを加え、泡立て器で空
気を含ませるように混ぜながら、白っぽくふわっとした状態にす
る（a）。

3 ②に①を加えてカードで切るようにさっくり混ぜ合わせ、ギュッ
とひとまとめにする。オーブン用シートの上にのせて包み、生地
をめん棒で1～2㎝厚さになるまでのばす。

4 ③の生地をカードで半分に切って重ね（b）、再度オーブン用シー
トで包んで生地を1㎝厚さにのばす（c）。同様にこの作業を5～
6回繰り返し、最後に生地全体を7×30㎝ほどの大きさになる
ようにオーブン用シートでしっかり包み（d）、オーブン用シート内
のすき間を埋めるように全体をのばして1㎝厚さにする。

5 ④の生地をラップで包み、冷蔵室で1時間ほど休ませる。生地を
取り出して2㎝幅に切り（e）、オーブン用シートを敷いた天板の
上に間隔を少しあけながら並べる。竹串やフォークなどで穴を均
等にあけ（f）、170度に温めたオーブンで20～25分焼く。両面がう
っすら色づいたら取り出して、カードで両端を押さえて形を整え、
そのまま冷ます。

GREEN TEA SHORTBREAD

抹茶のショートブレッド

グリーンの生地が見た目にも鮮やかなクッキー。
粉類をふるうときに、抹茶を加えるだけで、基本を簡単にアレンジできます。

材料（作りやすい分量）

バター（無塩）…110g
薄力粉…170g
コーンスターチ…10g
抹茶…10g
塩…小さじ½
バニラシュガー
　（または砂糖）…60g

下準備

● バターは室温に置いて、
　やわらかくする。

作り方

1 薄力粉、コーンスターチ、抹茶、塩を合わせてざるに入れ、オーブン用シートの上にふるう。
2 大きめのボウルにバター、バニラシュガーを加え、泡立て器で空気を含ませるように混ぜながら、白っぽくふわっとした状態にする。
3 ②に①を加えてカードで切るようにさっくり混ぜ合わせ、ギュッとひとまとめにする。オーブン用シートの上にのせて包み、生地をめん棒で1～2cm厚さになるまでのばす。
4 ③の生地をカードで半分に切って重ね、再度オーブン用シートで包んで生地を1cm厚さにのばす。同様にこの作業を5～6回繰り返し、最後に生地全体を7×30cmほどの大きさになるようにオーブン用シートでしっかり包み、オーブン用シート内のすき間を埋めるように全体をのばして1cm厚さにする。
5 ④の生地をラップで包み、冷蔵室で1時間ほど休ませる。生地を取り出して2cm幅に切り、オーブン用シートを敷いた天板の上に間隔を少しあけながら並べる。竹串やフォークなどで穴を均等にあけ、170度に温めたオーブンで20～25分焼く。両面がうっすら色づいたら取り出して、カードで両端を押さえて形を整え、そのまま冷ます。

TEA SHORTBREAD

紅茶のショートブレッド

紅茶の茶葉は、お好みのフレーバーティーでも。
茶葉を細かくすることで、生地になじんで一体感が出ます。

材料（作りやすい分量）

バター（無塩）…110g
紅茶（茶葉）…10g
薄力粉…170g
コーンスターチ…10g
塩…小さじ½
バニラシュガー
　（または砂糖）…60g

下準備

● バターは室温に置いて、
　やわらかくする。
● 紅茶の茶葉は、指先で
　つぶして細かくする。

作り方

1 薄力粉、コーンスターチ、塩を合わせてざるに入れ、オーブン用シートの上にふるう。
2 大きめのボウルにバター、バニラシュガー、紅茶の茶葉を加え、泡立て器で空気を含ませるように混ぜながら、白っぽくふわっとした状態にする。
3 ②に①を加えてカードで切るようにさっくり混ぜ合わせ、ギュッとひとまとめにする。オーブン用シートの上にのせて包み、生地をめん棒で1～2cm厚さになるまでのばす。
4 ③の生地をカードで半分に切って重ね、再度オーブン用シートで包んで生地を1cm厚さにのばす。同様にこの作業を5～6回繰り返し、最後に生地全体を7×30cmほどの大きさになるようにオーブン用シートでしっかり包み、オーブン用シート内のすき間を埋めるように全体をのばして1cm厚さにする。
5 ④の生地をラップで包み、冷蔵室で1時間ほど休ませる。生地を取り出して2cm幅に切り、オーブン用シートを敷いた天板の上に間隔を少しあけながら並べる。竹串やフォークなどで穴を均等にあけ、170度に温めたオーブンで20～25分焼く。両面がうっすら色づいたら取り出して、カードで両端を押さえて形を整え、そのまま冷ます。

基本のICEBOX COOKIE

焼く前に一度冷やす、アイスボックスクッキーは
クッキーの定番メニューですが…
このおいしさはひと味違う！ 初体験の味わいをぜひ。

LAVENDER ICEBOX COOKIE

ラベンダーアイスボックス クッキー	ラベンダーはハーブティーの茶葉を使用してもOKです。 おうちで作ったとは思えない仕上がりに、感動するはず！

材料（作りやすい分量）

バター（無塩）…100g
薄力粉…170g
コーンスターチ…10g
バニラシュガー（または砂糖）…60g
卵黄…2個分
バニラエクストラクト…小さじ1
　（またはバニラエッセンス…少々）
ラベンダー（ドライ）…大さじ1

下準備

● バターは室温に置いて、やわらか
　くする。

作り方

1 薄力粉、コーンスターチを合わせてざるに入れ、オーブ
　ン用シートの上にふるう。

2 大きめのボウルにバター、バニラシュガーを入れ、泡立
　て器で空気を含ませるように混ぜながら、白っぽくふわ
　っとした状態にする（a）。卵黄、バニラエクストラクト
　を加え、よく混ぜる。

3 ②に①を加えてカードで切るようにさっくり混ぜ合わせ
　たら（b）、ラベンダーを加えて混ぜ合わせる（c）。

4 ③の生地をギュッとひとまとめにしてカードで半分に切
　り、ボウルの中で重ねる（d）。同様にこの作業を 2 〜 3
　回繰り返す。

5 ④の生地をラップで包んで直径 3 cmの棒状にして（e）、冷
　凍室で30分ほど休ませる。生地を取り出して 7 〜 8 mm厚
　さに切り（f）、オーブン用シートを敷いた天板に間隔を少
　しあけながら並べる。160度に温めたオーブンで20〜25
　分焼く。取り出し、そのまま冷ます。

FRUITS NUTS ICEBOX COOKIE

CHEDDAR CHIVES ICEBOX COOKIE

チェダーチーズとアサツキの
アイスボックスクッキー

チーズとアサツキの風味がクセになり、つい手が伸びてしまいます。
塩味のクッキーは、お酒のつまみにも。

材料（作りやすい分量）
バター（無塩）…100g
チェダーチーズ…60g
アサツキ（または万能ねぎ）… 2本
薄力粉…170g
コーンスターチ…10g
にんにく（すりおろし）…½かけ分
卵黄… 1個分
粗びき黒こしょう…適量

下準備
● バターは室温に置いて、やわら
　かくする。
● チェダーチーズは小さく刻む。
● アサツキはみじん切りにする。

作り方
1 薄力粉、コーンスターチを合わせてざるに入れ、オーブン用シートの上にふるう。
2 大きめのボウルにバターを入れ、泡立て器で空気を含ませるように混ぜながら、ふわっとした状態にする。チェダーチーズを入れて混ぜ合わせ、にんにく、卵黄も加えてよく混ぜる。
3 ②に①を加えてカードで切るようにさっくり混ぜ合わせたら、アサツキ、黒こしょうを加えて混ぜ合わせる。
4 ③の生地をギュッとひとまとめにしてカードで半分に切り、ボウルの中で重ねる。同様にこの作業を 2 ～ 3 回繰り返す。
5 ④の生地をラップで包んで直径 3 ㎝の棒状にして、冷凍室で30分ほど休ませる。生地を取り出して 7 ～ 8 ㎜厚さに切り、オーブン用シートを敷いた天板の上に間隔を少しあけながら並べる。160度に温めたオーブンで20～25分焼く。取り出し、そのまま冷ます。

FRUITS NUTS ICEBOX COOKIE

ドライフルーツとナッツの
アイスボックスクッキー

ドライフルーツとナッツは好みのもので合計が100gになればOK。
好みの割合でいろいろな食感を楽しみましょう。

材料（作りやすい分量）
バター（無塩）…100g
薄力粉…170g
コーンスターチ…10g
バニラシュガー
　（または砂糖）…60g
卵黄… 2個分
バニラエクストラクト…小さじ 1
　（またはバニラエッセンス…少々）
好みのドライフルーツ、
　ミックスナッツ…100g

下準備
● バターは室温に置いて、やわら
　かくする。

作り方
1 薄力粉、コーンスターチを合わせてざるに入れ、オーブン用シートの上にふるう。
2 大きめのボウルにバター、バニラシュガーを入れ、泡立て器で空気を含ませるように混ぜながら、白っぽくふわっとした状態にする。卵黄、バニラエクストラクトを加え、よく混ぜる。
3 ②に①を加えてカードで切るようにさっくり混ぜ合わせたら、ドライフルーツ、ナッツを加えて混ぜ合わせる。
4 ③の生地をギュッとひとまとめにしてカードで半分に切り、ボウルの中で重ねる。同様にこの作業を 2 ～ 3 回繰り返す。
5 ④の生地をラップで包んで直径 3 ㎝の棒状にして、冷凍室で30分ほど休ませる。生地を取り出して 7 ～ 8 ㎜厚さに切り、オーブン用シートを敷いた天板の上に間隔を少しあけながら並べる。160度に温めたオーブンで20～25分焼く。取り出し、そのまま冷ます。

基本のCRACKER

粉を「180g」にするのが、クラッカーの基本。
あとは好みに合わせて配合を変えると、食感に変化が！
薄力粉だけで作ると、口当たりが軽く仕上がります。

WHOLE WHEAT FLOUR CRACKER

全粒粉クラッカー

全粒粉が入ることで、かめばかむほど味が出るクラッカーに。
「生地を重ねる→のばす」作業を繰り返すことで、生地に層ができ、サクッサクに仕上がります。

材料（作りやすい分量）

全粒粉…80g
強力粉…100g
粗塩…小さじ 1 ½
菜種油（または太白ごま油）…60g
豆乳（または水）…30㎖

作り方

1 全粒粉、強力粉を合わせてざるに入れ、ボウルにふるい入れる。粗塩を加え、さっと混ぜてから菜種油を加え、カードまたは手でよくすり合わせる（a）。

2 ①に豆乳を加え、こねずにカードでさっくりとまとめる（b）。オーブン用シートの上に取り出して包み、めん棒で生地が 5 ㎜厚さになるまでのばす（c）。

3 ②の生地をカードで半分に切って重ね（d）、再度オーブン用シートで包んで生地を 5 ㎜厚さにのばす。同様にこの作業を 2 〜 3 回繰り返し、最後に生地全体を22×15㎝ほどの大きさになるようにオーブン用シートでしっかり包み、オーブン用シート内のすき間を埋めるように全体にのばす（e）。

4 ③の生地をオーブン用シートの上に取り出し、好みの大きさになるように切り込みを入れる（f）。フォークまたは竹串で穴を均等にあけ、170度に温めたオーブンで25分ほど焼く。取り出し、そのまま冷ます。

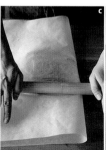

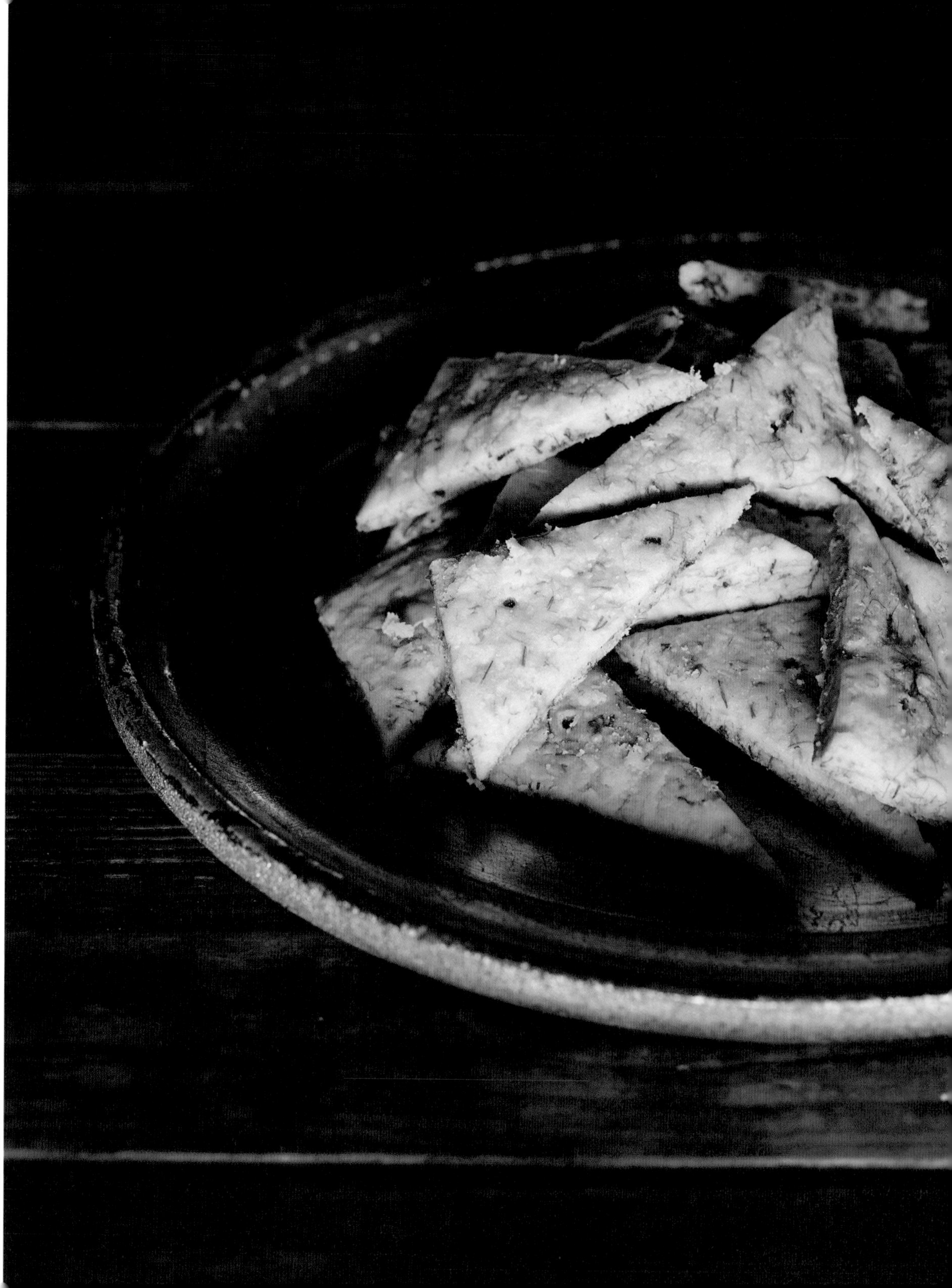

縦と横に3本ずつ切り込みを入れてから、斜めに
切り込みを入れると三角形のクラッカーに。

SEAWEED CRACKER

シーウィードクラッカー

シーウィードとは「のり」のこと。
口いっぱいに広がるのりの香りとサクッとした食感…
食べ出すと止まらなくなる、危険なおいしさです。

材料（作りやすい分量）

薄力粉…180g
あおさのり
　（または青のり）…大さじ1
粗塩…小さじ2
オリーブ油…60g
豆乳（または水）…30㎖

作り方

1　薄力粉をざるに入れ、ボウルにふるい入れる。あおさの
　り、粗塩を加え、さっと混ぜてからオリーブ油を加え、
　カードまたは手でよくすり合わせる。

2　①に豆乳を加え、こねずにカードでさっくりとまとめる。
　オーブン用シートの上に取り出して包み、めん棒で生地
　が5㎜厚さになるまでのばす。

3　②の生地をカードで半分に切って重ね、再度オーブン用
　シートで包んで生地を5㎜厚さにのばす。同様にこの作
　業を2～3回繰り返し、最後に生地全体を22×15㎝ほど
　の大きさになるようにオーブン用シートでしっかり包み、
　シート内のすき間を埋めるように全体にのばす。

4　③の生地をオーブン用シートの上に取り出し、好みの大
　きさになるように切り込みを入れる。フォークまたは竹
　串で穴を均等にあけ、170度に温めたオーブンで25分ほ
　ど焼く。取り出し、そのまま冷ます。

BASIL CRACKER

バジルクラッカー

生地は横半分に切り込みを入れてから、
1cm幅に切り込みを入れると、スティック状になり食べやすい。
お酒のおつまみとしても喜ばれる一品です。

材料（作りやすい分量）

薄力粉…180g
粗塩…ひとつまみ
オリーブ油…45g
バジルペースト
　（市販品）…大さじ2
豆乳（または水）…30㎖
※バジルペーストは、市販品の
塩分量によって分量を調節して
ください。

作り方

1 薄力粉をざるに入れ、ボウルにふるい入れる。粗塩を加え、さっと混ぜてからオリーブ油を加え、カードまたは手でよくすり合わせる。バジルペーストも加え、さらに全体をよくすり合わせる。

2 ①に豆乳を加え、こねずにカードでさっくりとまとめる。オーブン用シートの上に取り出して包み、めん棒で生地が5mm厚さになるまでのばす。

3 ②の生地をカードで半分に切って重ね、再度オーブン用シートで包んで生地を5mm厚さにのばす。同様にこの作業を2～3回繰り返し、最後に生地全体を20×18㎝ほどの大きさになるようにオーブン用シートでしっかり包み、シート内のすき間を埋めるように全体にのばす。

4 ③の生地をオーブン用シートの上に取り出し、好みの大きさになるように切り込みを入れる。フォークまたは竹串で穴を均等にあけ、170度に温めたオーブンで25分ほど焼く。取り出し、そのまま冷ます。

基本のDROP COOKIE

クッキーの中でももっとも手軽なのが、このドロップクッキーです。
ぐるぐる混ぜてスプーンで天板に落とすだけ。
お好みのチョコやドライフルーツにアレンジして楽しんでください。

CRANBERRY WHITE CHOCOLATE OATMEAL CHUNK COOKIE

クランベリーとホワイトチョコの オートミールクッキー

オートミールのザクザクとした食感に、
濃厚なホワイトチョコとクランベリーの酸味が加わり、
ひと口で、幸せな満足感に浸れます。

材料（作りやすい分量）
ホワイトチョコ…50g
薄力粉…40g
アーモンドプードル…20g
ベーキングパウダー…小さじ½
菜種油…50g
メープルシロップ（またはブラウン
　シロップ）…30g
豆乳…大さじ1
塩…ひとつまみ
オートミール…80g
クランベリー（ドライ）…50g

下準備
●ホワイトチョコは細かく刻む。

作り方

1 薄力粉、アーモンドプードル、ベーキングパウダーを合わせてざるに入れ、オーブン用シートの上にふるう。
2 大きめのボウルに菜種油、メープルシロップ、豆乳、塩を入れ、泡立て器でよく混ぜて乳化させる。
3 ②に①を加えて混ぜ合わせ、オートミール、ホワイトチョコ、クランベリーも加えてスプーンでさっくり混ぜ合わせる。
4 オーブン用シートを敷いた天板の上に、③をひと口大にスプーンですくってのせる。180度に温めたオーブンで15〜20分焼く。取り出して、そのまま冷ます。

GRANOLA DROP COOKIE

**ドロップグラノーラ
クッキー**

グラノーラ好きにはたまらない、大満足の食べごたえ。
成形せずに、スプーンで天板にのせるだけなので手軽です。

材料（作りやすい分量）
薄力粉…40g
アーモンドプードル…20g
ベーキングパウダー…小さじ½
菜種油…50g
メープルシロップ
　（またはブラウンシロップ）…30g
豆乳…大さじ1
塩…ひとつまみ
グラノーラ（市販品）…150g

作り方
1 薄力粉、アーモンドプードル、ベーキングパウダーを合わせてざるに入れ、オーブン用シートの上にふるう。
2 大きめのボウルに菜種油、メープルシロップ、豆乳、塩を入れ、泡立て器でよく混ぜて乳化させる。
3 ②に①を加えて混ぜ合わせ、グラノーラも加えてスプーンでさっくり混ぜ合わせる。
4 オーブン用シートを敷いた天板の上に、③をひと口大にスプーンですくってのせる。180度に温めたオーブンで15〜20分焼く。取り出して、そのまま冷ます。

Muffin

心をグッとつかまれる、味も見た目も最高のマフィンが勢揃い。
ひと口食べれば、もうこのおいしさの虜です。

基本のSWEET MUFFIN

プラスするフルーツやナッツなどの材料以外、
作り方や材料の配合はぜんぶ同じです。
ひとつ作り方を覚えれば、アレンジの幅は自由自在に広がります。

VANILLA MUFFIN

| バニラマフィン | バニラビーンズを贅沢に使った、風味豊かなマフィン。生地のふわふわ感を堪能してください。 |

材料（6個分）

バター（無塩）…80g
バニラビーンズ…1本
卵（L玉）…1個
牛乳（または豆乳★）…80㎖
薄力粉…120g
全粒粉…50g
コーンスターチ…10g
塩…ひとつまみ
ベーキングパウダー…小さじ1½
砂糖…100g

★水分量は合計で80㎖になればいいので、牛乳と豆乳を合わせて80㎖にしてもOKです。また、牛乳（または豆乳）の分量を65㎖にして、ブランデーやラム酒、リキュールなどを15㎖加えると風味がよくなります。お酒を加える際は、数滴〜15㎖の間で好みの量を調整してください。P45までのマフィンの水分量は、同様にアレンジ可能です。

下準備

● バターは室温に置いて、やわらかくする。
● バニラビーンズは包丁をねかせてさやを切り開き、刃先で種をかき出す（a）。

作り方

1 卵を溶きほぐし、牛乳を加えてよく混ぜる。薄力粉、全粒粉、コーンスターチ、塩、ベーキングパウダーを合わせてざるに入れ、オーブン用シートの上にふるう（b）。

2 大きめのボウルにバターを入れ、泡立て器でなめらかになるまでよく混ぜる。砂糖を2〜3回に分けて加え（c）、そのつど泡立て器ですり混ぜて全体が白っぽくなるまでよく混ぜる。バニラビーンズの種も加え、さらに混ぜ合わせる。

3 ②に①の卵液を4〜5回に分けて加え（d）、そのつどよく混ぜる（e）。①のふるった粉も加え、ゴムべらで粉っぽさがなくなるまでさっくり混ぜ合わせる。

4 マフィン型に紙カップを敷いて③を均等に入れ（f）、190度に温めたオーブンで25分ほど焼く。

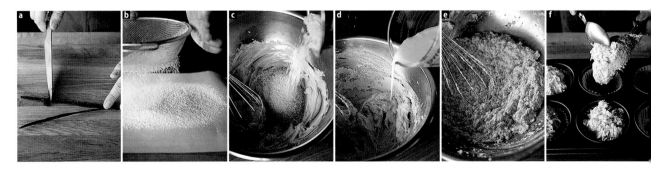

SALTED CARAMEL NUTS MUFFIN

塩キャラメルナッツの マフィン

濃厚な塩キャラメルナッツはそのまま食べても美味。
焼きたてはキャラメルが少し溶け、たまらないおいしさです。

材料（6個分）
【塩キャラメルナッツ（作りやすい分量）】
砂糖…90g
水…30g
ナッツ（くるみ、
　アーモンドなど）…100g
塩…ひとつまみ
バター（無塩）…10g

【マフィン生地】
バター（無塩）…80g
卵（L玉）…1個
牛乳（または豆乳）…80㎖
薄力粉…120g
全粒粉…50g
コーンスターチ…10g
塩…ひとつまみ
ベーキングパウダー…小さじ1½
砂糖…100g

下準備
●バターは室温に置いて、やわら
　かくする。

作り方

1　塩キャラメルナッツを作る。フライパンに砂糖と水を
　入れて中火にかけ、きつね色になって煮立ってきたら
　ナッツ、塩、バターを加えてよくからめる。
　※ナッツをキャラメルでコーティングするときは、混ぜすぎないよう
　に注意。空気に触れると砂糖が白くなってしまうので、あまりいじら
　ず、ゆっくり火を入れてからめていく。

2　①をオーブン用シートの上に広げて冷まし、粗熱がと
　れたら刻む。

3　生地を作る。卵を溶きほぐし、牛乳を加えてよく混ぜ
　る。薄力粉、全粒粉、コーンスターチ、塩、ベーキン
　グパウダーを合わせてざるに入れ、オーブン用シート
　の上にふるう。

4　大きめのボウルにバターを入れ、泡立て器でなめらか
　になるまでよく混ぜる。砂糖を2～3回に分けて加え、
　そのつど泡立て器ですり混ぜて全体が白っぽくなるま
　でよく混ぜる。

5　④に③の卵液を4～5回に分けて加え、そのつどよく
　混ぜる。③のふるった粉も加え、ゴムべらで粉っぽさ
　がなくなるまでさっくり混ぜ合わせたら、②の半量も
　加えて混ぜ合わせる。

6　マフィン型に紙カップを敷いて⑤を均等に入れ、190
　度に温めたオーブンで25分ほど焼く。
　※残った「塩キャラメルナッツ」は、そのまま食べてもOK。清潔な保
　存用密閉容器に入れ、冷蔵室で1週間保存可能です。

CHOCOLATE FRESHMINT
MUFFIN

チョコとフレッシュミント
マフィン

さわやかなミントを加えるだけで、一気に本格的な味わいになります。
ミントソーダを添えれば、おもてなしにもGOOD。

材料（6個分）
バター（無塩）…80g
チョコレート…100g
ミント…1パック
卵（L玉）…1個
牛乳（または豆乳）…80㎖
薄力粉…120g
全粒粉…50g
コーンスターチ…10g
塩…ひとつまみ
ベーキングパウダー…小さじ1½
砂糖…100g

下準備
●バターは室温に置いて、やわら
　かくする。
●チョコレートは刻む。
●ミントは葉を摘む。

作り方
1 卵を溶きほぐし、牛乳を加えてよく混ぜる。薄力粉、全
　粒粉、コーンスターチ、塩、ベーキングパウダーを合わ
　せてざるに入れ、オーブン用シートの上にふるう。
2 大きめのボウルにバターを入れ、泡立て器でなめらかに
　なるまでよく混ぜる。砂糖を2～3回に分けて加え、そ
　のつど泡立て器ですり混ぜて全体が白っぽくなるまでよ
　く混ぜる。
3 ②に①の卵液を4～5回に分けて加え、そのつどよく混
　ぜる。①のふるった粉も加え、ゴムべらで粉っぽさがな
　くなるまでさっくり混ぜ合わせたら、チョコレート、ミ
　ントも加えて混ぜ合わせる。
4 マフィン型に紙カップを敷いて③を均等に入れ、190度
　に温めたオーブンで25分ほど焼く。

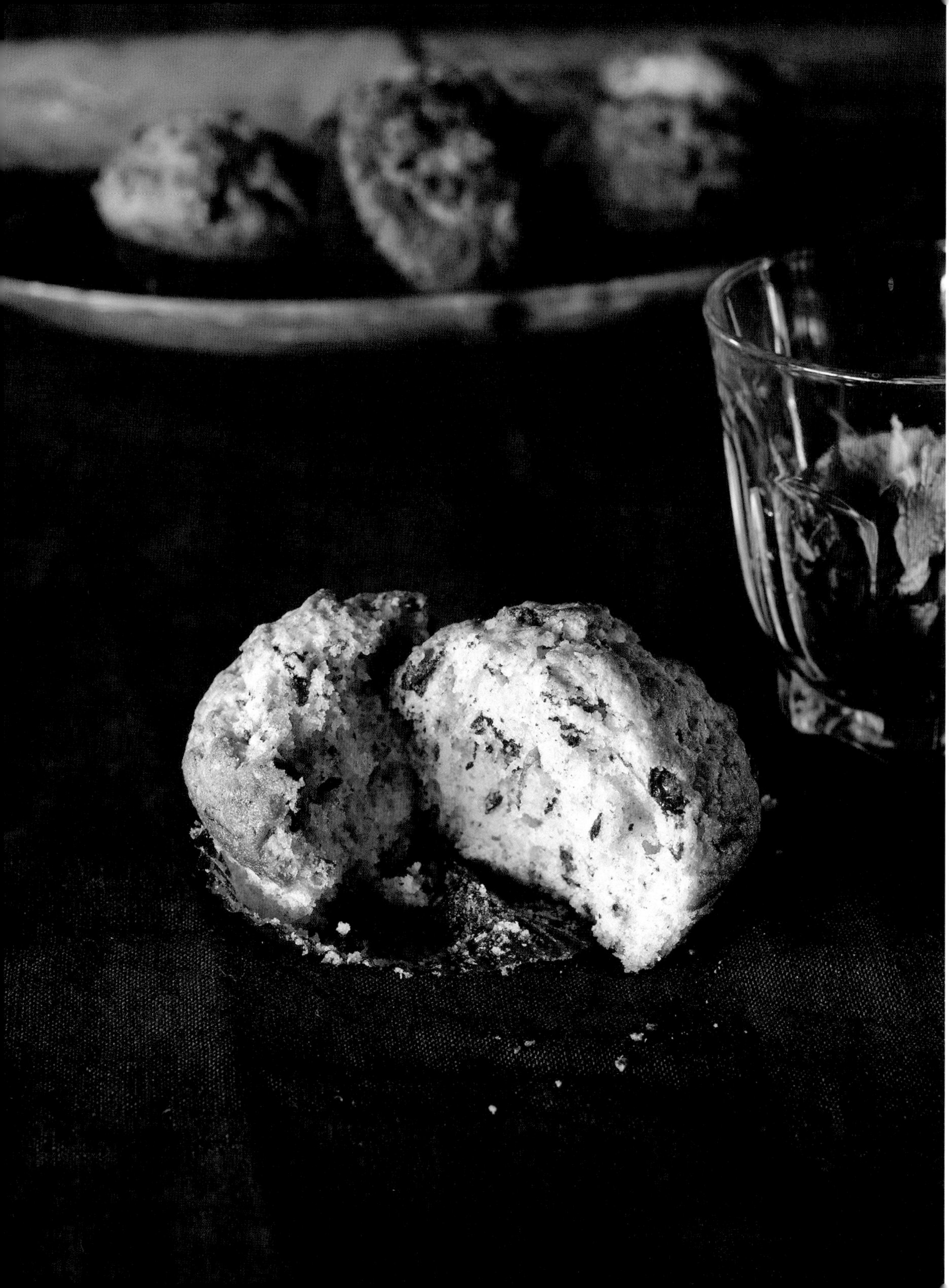

Fruits Muffin

果物の自然な甘みと組み合わせることで、
より一層おいしさが引き立ちます。
大切な人へのプレゼントとしても、おすすめです。

ORANGE MUFFIN

オレンジマフィン

牛乳の代わりにオレンジジュースで作れば、さわやかな酸味が楽しめます。
オレンジコンフィのほろ苦さが、いいアクセントに。

材料（6個分）

バター（無塩）…80g
卵（L玉）…1個
牛乳（または
　オレンジジュース）…80㎖
薄力粉…120g
全粒粉…50g
コーンスターチ…10g
塩…ひとつまみ
ベーキングパウダー…小さじ1½
砂糖…100g
オレンジコンフィ
　（※下記参照）…6枚

下準備

●バターは室温に置いて、やわら
　かくする。

作り方

1 卵を溶きほぐし、牛乳を加えてよく混ぜる。薄力粉、全
　粒粉、コーンスターチ、塩、ベーキングパウダーを合わ
　せてざるに入れ、オーブン用シートの上にふるう。
2 大きめのボウルにバターを入れ、泡立て器でなめらかに
　なるまでよく混ぜる。砂糖を2～3回に分けて加え、そ
　のつど泡立て器ですり混ぜて全体が白っぽくなるまでよ
　く混ぜる。
3 ②に①の卵液を4～5回に分けて加え、そのつどよく混
　ぜる。①のふるった粉も加え、ゴムべらで粉っぽさがな
　くなるまでさっくり混ぜ合わせる。
4 マフィン型に紙カップを敷いて③を均等に入れ、オレン
　ジコンフィを1枚ずつのせる。190度に温めたオーブン
　で25分ほど焼く。

ORANGE CONFIT

オレンジコンフィ

竹串などで穴をあけてから煮ることで、皮がやわらかくなります。
コンフィは低温のオーブンで乾燥させ、チョコレートをかけても。

材料（作りやすい分量）

オレンジ…4個
重曹…大さじ1
砂糖…500g
水…600g

【保存について】

清潔な保存用密閉容器に入れ、
冷蔵室で1～2週間保存でき
ます。

※保存期間は目安です。なるべく早め
に食べ切ることをおすすめします。
※取り分ける際は、清潔な菜箸などで、
使用する分だけを取り出しましょう。

作り方

1 大きめのボウルに水1ℓ（分量外）と重曹を入
　れる。オレンジを加えて30秒ほど浸し、タワ
　シで表面をこする。オレンジの皮に竹串や針
　を刺し、数か所穴をあける。
2 ①のオレンジを皮ごと約7㎜厚さの輪切りに
　する。
3 鍋に②、半量の砂糖、分量の水を入れてオー
　ブン用シートなどで落としぶたをし、弱火で
　30分ほどじっくり煮る。残りの砂糖を加え、
　全体がとろっとするまで煮詰める。そのまま
　粗熱をとり、冷ます。

PEACH BLUE CHEESE MUFFIN

桃とゴルゴンゾーラのマフィン

桃は、缶詰を使ってもおいしく作れます。
桃の甘みとゴルゴンゾーラの風味がクセになる一品です。

材料（6個分）

バター（無塩）…80g
桃…1個
ブルーチーズ
　（ゴルゴンゾーラ）…50g
卵（L玉）…1個
牛乳（または豆乳）…80mℓ
薄力粉…120g
全粒粉…50g
コーンスターチ…10g
塩…ひとつまみ
ベーキングパウダー…小さじ1½
砂糖…100g

下準備

● バターは室温に置いて、やわら
　かくする。
● 桃は皮をむき、飾り用に6切れ
　を1cm厚さのくし形に切る。残
　りは1cm角に切る。
● ブルーチーズは小さく刻む。

作り方

1 卵を溶きほぐし、牛乳を加えてよく混ぜる。薄力粉、全
粒粉、コーンスターチ、塩、ベーキングパウダーを合わ
せてざるに入れ、オーブン用シートの上にふるう。

2 大きめのボウルにバターを入れ、泡立て器でなめらかに
なるまでよく混ぜる。砂糖を2～3回に分けて加え、そ
のつど泡立て器ですり混ぜて全体が白っぽくなるまでよ
く混ぜる。

3 ②に①の卵液を4～5回に分けて加え、そのつどよく混
ぜる。①のふるった粉も加え、ゴムべらで粉っぽさがな
くなるまでさっくり混ぜ合わせたら、1cm角に切った桃
とブルーチーズも加えて混ぜ合わせる。

4 マフィン型に紙カップを敷いて③を均等に入れ、飾り用
の桃を1切れずつのせる。190度に温めたオーブンで25
分ほど焼く。

STRAWBERRY CREAM CHEESE CRUMBLE MUFFIN

ストロベリーとクリームチーズの クランブルマフィン

クランブルのホロホロとした食感が
なんとも食欲をそそります。
いちご×クリームチーズで間違いないおいしさに。

材料（6個分）
バター（無塩）…80g
いちご…6個
クリームチーズ…50g
卵（L玉）…1個
牛乳（または豆乳）…80ml
薄力粉…120g
全粒粉…50g
コーンスターチ…10g
塩…ひとつまみ
ベーキングパウダー…小さじ1½
砂糖…100g
クランブル（※下記参照）…全量

下準備
● バターは室温に置いて、やわら
　かくする。
● いちごは縦に4等分に切る。
● クリームチーズは1cm角に切る。

作り方
1 卵を溶きほぐし、牛乳を加えてよく混ぜる。薄力粉、全
　粒粉、コーンスターチ、塩、ベーキングパウダーを合わ
　せてざるに入れ、オーブン用シートの上にふるう。
2 大きめのボウルにバターを入れ、泡立て器でなめらかに
　なるまでよく混ぜる。砂糖を2～3回に分けて加え、そ
　のつど泡立て器ですり混ぜて全体が白っぽくなるまでよ
　く混ぜる。
3 ②に①の卵液を4～5回に分けて加え、そのつどよく混
　ぜる。①のふるった粉も加え、ゴムべらで粉っぽさがな
　くなるまでさっくり混ぜ合わせたら、いちごの半量、ク
　リームチーズも加えて混ぜ合わせる。
4 マフィン型に紙カップを敷いて③を均等に入れる。残り
　のいちごを2切れずつのせ、クランブルも均等にのせる。
　190度に温めたオーブンで25分ほど焼く。

CRUMBLE

クランブル

ほのかな甘みが後を引き、ケーキやクッキーを華やかに飾る、万能アイテム。
冷凍保存できるので、たくさん作っておくと役立ちます。

材料（マフィン6個分）
A 薄力粉…20g
　アーモンドプードル…20g
　砂糖…15g
　塩…少々
バター（無塩）…15g

作り方
1 ボウルにAをすべて入れ、混ぜ合わせる。バターを加
　え、粉をまぶしながら指先でバターをつぶしていく。
2 ①のバターをさらに指ですりつぶして細かくしたら、
　全体を両手でこすり合わせるようにしてぼろぼろのそ
　ぼろ状にし、冷蔵室で15分ほど冷やす。

【保存について】
清潔な保存用密閉容器に入れ、冷凍室で2週間保存できます。

※ 保存期間は目安です。なるべく早めに食べ切ることをおすすめします。
※ 取り分ける際は、清潔なスプーンなどで、使用する分だけを取り出しましょう。

BANANA WALNUTS
MAPLE CRUMBLE MUFFIN

バナナとくるみの
メープルクランブルマフィン

バナナの甘さとくるみの香ばしさが好相性。
風味のいいメープルシュガーでさらにおいしく仕上げます。

材料（6個分）

バター（無塩）…80g
バナナ…2本
くるみ…100g
卵（L玉）…1個
牛乳（または豆乳）…80㎖
薄力粉…120g
全粒粉…50g
コーンスターチ…10g
塩…ひとつまみ
ベーキングパウダー…小さじ1½
メープルシュガー
　（または砂糖）…100g
クランブル（※P43参照）…全量

下準備

● バターは室温に置いて、やわら
　かくする。
● バナナは飾り用に12枚を7～8
　㎜厚さの輪切りにする。残りは
　小さめに刻む。
● くるみは170度に温めたオーブ
　ンで10分ほど焼き、粗熱がとれ
　たら刻む。

作り方

1 卵を溶きほぐし、牛乳を加えてよく混ぜる。薄力粉、全
　粒粉、コーンスターチ、塩、ベーキングパウダーを合わ
　せてざるに入れ、オーブン用シートの上にふるう。

2 大きめのボウルにバターを入れ、泡立て器でなめらかに
　なるまでよく混ぜる。メープルシュガーを2～3回に分
　けて加え、そのつど泡立て器ですり混ぜて全体が白っぽ
　くなるまでよく混ぜる。

3 ②に①の卵液を4～5回に分けて加え、そのつどよく混
　ぜる。①のふるった粉も加え、ゴムべらで粉っぽさがな
　くなるまでさっくり混ぜ合わせたら、刻んだバナナ、く
　るみも加えて混ぜ合わせる。

4 マフィン型に紙カップを敷いて③を均等に入れる。飾り
　用のバナナを2切れずつのせ、クランブルも均等にのせ
　る。190度に温めたオーブンで25分ほど焼く。

基本のVEGGIE MUFFIN

卵や牛乳、バターなど、動物性の食材を使わないベジマフィン。
おいしく作るコツは油と水分をしっかり混ぜてなじませ、
一体化させる「乳化」作業。生地がしっとり仕上がります。

SOY MILK MUFFIN

豆乳マフィン | シンプルな材料で作る、一番ベーシックなベジマフィン。
「メープルシロップ」や「はちみつ」のやさしい甘みに癒されます。

材料（6個分）
薄力粉…120g
全粒粉…60g
塩…ひとつまみ
ベーキングパウダー…小さじ1½
菜種油（または太白ごま油）…60g
メープルシロップ（またははちみつ）…80g
豆乳…90㎖

作り方
1 薄力粉、全粒粉、塩、ベーキングパウダーを合わせてざるに入れ、オーブン用シートの上にふるう（a）。
2 大きめのボウルに菜種油、メープルシロップ、豆乳を入れ、泡立て器でよく混ぜて乳化させる（b）。①を加え（c）、ゴムべらで粉っぽさがなくなるまでさっくり混ぜ合わせる（d）。
3 マフィン型に紙カップを敷いて②を均等に入れ（e）、160度に温めたオーブンで40分ほど焼く。

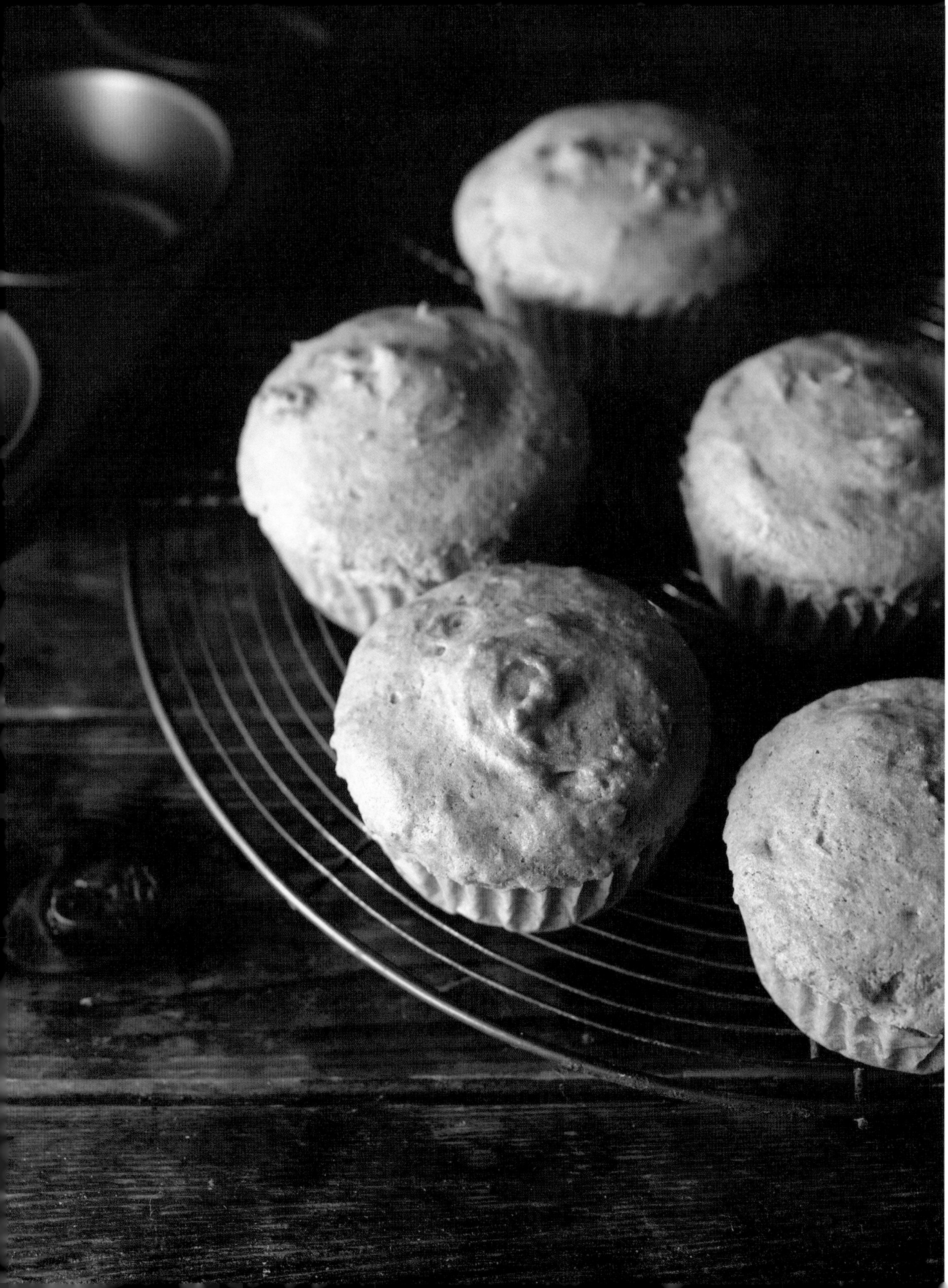

CINNAMON APPLE SOY MILK MUFFIN

CARROT SPICE SOY MILK MUFFIN

にんじんとスパイスの豆乳マフィン

シナモンとクローブの香りが口いっぱいに広がります。
スパイスは少量で料理をレベルアップさせてくれる、頼れる存在。

材料（6個分）

にんじん… 1本
薄力粉…120g
全粒粉…60g
塩…ひとつまみ
シナモン（パウダー）…小さじ1
クローブ（パウダー）…小さじ½
ベーキングパウダー…小さじ1½
菜種油（または太白ごま油）…60g
はちみつ（またはメープルシロップ）…80g
豆乳…90㎖
ピーカンナッツ…好みで6個

下準備

● にんじんはタワシでこすってよく洗い、皮ごとすりおろす。

作り方

1 薄力粉、全粒粉、塩、シナモン、クローブ、ベーキングパウダーを合わせてざるに入れ、オーブン用シートの上にふるう。
2 大きめのボウルに菜種油、はちみつ、豆乳を入れ、泡立て器でよく混ぜて乳化させる。すりおろしたにんじん、①を加え、ゴムべらで粉っぽさがなくなるまでさっくり混ぜ合わせる。
3 マフィン型に紙カップを敷いて②を均等に入れ、好みでピーカンナッツを1個ずつのせる。160度に温めたオーブンで40分ほど焼く。

CINNAMON APPLE SOY MILK MUFFIN

りんごとシナモンの豆乳マフィン

りんごは皮ごと使うと、かわいいピンク色に仕上がります。
素材のシンプルなおいしさが楽しめるマフィン。

材料（6個分）

りんご… 1個
砂糖…大さじ1
レモン汁…少々
薄力粉…120g
全粒粉…60g
塩…ひとつまみ
シナモン（パウダー）…小さじ1½
ベーキングパウダー…小さじ1½
菜種油（または太白ごま油）…60g
メープルシロップ（またははちみつ）…80g
豆乳…90㎖

作り方

1 りんごはよく洗い、皮ごといちょう切りにする。フライパンに菜種油少々（分量外）と砂糖を入れて中火で熱し、りんごを炒める。仕上げにレモン汁を加え、そのまま冷ます。
2 薄力粉、全粒粉、塩、シナモン、ベーキングパウダーを合わせてざるに入れ、オーブン用シートの上にふるう。
3 大きめのボウルに菜種油、メープルシロップ、豆乳を入れ、泡立て器でよく混ぜて乳化させる。②を加え、ゴムべらで粉っぽさがなくなるまでさっくり混ぜ合わせたら、①（飾り用に6切れを残しておく）も加えてさっと混ぜ合わせる。
4 マフィン型に紙カップを敷いて③を均等に入れ、飾り用のりんごを1切れずつのせる。160度に温めたオーブンで40分ほど焼く。

BLACK FOREST MUFFIN

SOY MILK MISO MUFFIN

BLACK FOREST MUFFIN

ココアとダークチェリーの
マフィン

チェリーとチョコで作ったお菓子を、
ドイツでは「black forest（黒い森）」と呼びます。
ダークチェリーの量は好みで調整を。たくさん入れても美味。

材料（6個分）
薄力粉…120g
全粒粉…60g
塩…ひとつまみ
ココアパウダー…15g
ベーキングパウダー…小さじ 1 ½
菜種油（または太白ごま油）…60g
メープルシロップ
　（またははちみつ）…80g
豆乳…90㎖
ダークチェリー（缶詰）…12〜18粒

作り方
1 薄力粉、全粒粉、塩、ココアパウダー、ベーキングパウダーを合わせてざるに入れ、オーブン用シートの上にふるう。
2 大きめのボウルに菜種油、メープルシロップ、豆乳を入れ、泡立て器でよく混ぜて乳化させる。①を加え、ゴムべらで粉っぽさがなくなるまでさっくり混ぜ合わせる。
3 マフィン型に紙カップを敷いて②を均等に入れ、ダークチェリーをのせる。160度に温めたオーブンで40分ほど焼く。

SOY MILK MISO MUFFIN

みそマフィン

みその風味をふわっと感じる、香ばしい甘辛味。
みそによって塩分量はさまざま。少しずつ分量を調整しましょう。

材料（6個分）
くるみ…30g
薄力粉…120g
全粒粉…60g
塩…ひとつまみ
ベーキングパウダー…小さじ 1 ½
菜種油（または太白ごま油）…60g
はちみつ（または
　メープルシロップ）…80g
豆乳…90㎖
みそ…大さじ 1 ½
くるみ（飾り用）…好みで6個

下準備
● くるみ30gは170度に温めたオーブンで10分ほど焼き、粗熱がとれたら刻む。

作り方
1 薄力粉、全粒粉、塩、ベーキングパウダーを合わせてざるに入れ、オーブン用シートの上にふるう。
2 大きめのボウルに菜種油、はちみつ、豆乳、みそを入れ、泡立て器でよく混ぜて乳化させる。①を加え、ゴムべらで粉っぽさがなくなるまでさっくり混ぜ合わせたら、刻んだくるみも加えてさっと混ぜ合わせる。
3 マフィン型に紙カップを敷いて②を均等に入れ、好みでくるみを1個ずつのせる。160度に温めたオーブンで40分ほど焼く。

基本のSAVORY MUFFIN

生地を紙カップに入れるときは、上に上に高さを出すように入れましょう。
高さを出すことで、焼いたときに生地が横に広がっても
形がくずれず、キレイに仕上がります。

SUN-DRIED TOMATO ITALIAN PARSLEY MUFFIN

**ドライトマトとイタリアンパセリの
マフィン**

ヤギの乳から作った「シェーブルチーズ」のさわやかな酸味が絶妙。
ドライトマトのもどし汁を牛乳の代わりに使ってもOKです。

材料（6個分）

バター（無塩）…80g（またはオリーブ油…50g）
トマト（ドライ）…6個
イタリアンパセリ…3本
シェーブルチーズ（またはカッテージチーズ）…50g
卵（L玉）…1個
牛乳（または豆乳）…80mℓ
薄力粉…120g
全粒粉…50g
コーンスターチ…10g
塩…小さじ1
ベーキングパウダー…小さじ1½
粗びき黒こしょう…適量

下準備

● バターは室温に置いて、やわらかくする。
● トマトはぬるま湯に30分ほど浸してもどし、刻む。
● イタリアンパセリは細かく刻む。
● シェーブルチーズは1cm角に切る。

作り方

1 卵は溶きほぐし、牛乳を加えてよく混ぜる。薄力粉、全粒粉、コーンスターチ、塩、ベーキングパウダーを合わせてざるに入れ、オーブン用シートの上にふるう（a）。

2 大きめのボウルにバターを入れ、泡立て器でなめらかになるまでよく混ぜる。①のふるった粉を加え（b）、ゴムべらでよく混ぜ合わせる（※オリーブ油を使用する場合も、ふるった粉とよく混ぜ合わせる）。

3 ②に①の卵液を2〜3回に分けて加え（c）、そのつどゴムべらでさっくり混ぜ合わせる（d）。トマト、シェーブルチーズ、イタリアンパセリも加えて黒こしょうをふり（e）、全体をさっくり混ぜ合わせる。

4 マフィン型に紙カップを敷いて③を均等に入れ（f）、190度に温めたオーブンで25分ほど焼く。

ONION GRATIN MUFFIN

ASPARAGUS SHRIMP MUFFIN

アスパラとえびのマフィン

朝食にも、昼食にもおすすめの食事マフィン。
えび×アスパラガスのコンビがいい味を出しています。

材料（6個分）

バター（無塩）…80g（またはオリーブ油…50g）
えび…小12尾（またはブラックタイガー…6尾）
グリーンアスパラ…3本
玉ねぎ…½個
にんにく（みじん切り）…1かけ分
塩、粗びき黒こしょう…各適量
卵（L玉）…1個
牛乳（または豆乳）…80㎖
薄力粉…120g
全粒粉…50g
コーンスターチ…10g
ベーキングパウダー…小さじ1½
グリュイエールチーズ（シュレッドタイプ
　／またはピザ用チーズ）…50g

下準備

●バターは室温に置いて、やわらかくする。

作り方

1 えびは殻をむき、背ワタがあれば竹串などで取る。アスパラは根元のかたい部分を切り落として5㎝長さに切り、玉ねぎは薄切りにする。フライパンにバター10g（分量外）、玉ねぎ、にんにくを入れて中火で熱し、しんなりするまで炒める。えび、アスパラを加えてさらに炒め合わせ、塩、黒こしょう各少々をふって調味する。取り出して、粗熱をとる。

2 卵は溶きほぐし、牛乳を加えてよく混ぜる。薄力粉、全粒粉、コーンスターチ、塩小さじ1、ベーキングパウダーを合わせてざるに入れ、オーブン用シートの上にふるう。

3 大きめのボウルにバターを入れ、泡立て器でなめらかになるまでよく混ぜる。②のふるった粉を加え、ゴムべらでよく混ぜ合わせる（※オリーブ油を使用する場合も、ふるった粉とよく混ぜ合わせる）。

4 ③に②の卵液を2～3回に分けて加え、そのつどゴムべらでさっくり混ぜ合わせる。①（飾り用にえび6尾、アスパラ6切れを残しておく）、グリュイエールチーズも加えて黒こしょう少々をふり、全体をさっくり混ぜ合わせる。

5 マフィン型に紙カップを敷いて④を均等に入れ、飾り用のえびとアスパラをそれぞれ1つずつのせる。190度に温めたオーブンで25分ほど焼く。

ONION GRATIN MUFFIN

オニオングラタンマフィン

オニオングラタン風に仕上げるポイントは「玉ねぎ」。
じーっくり炒めることで、甘みが際立ち、風味がアップします。

材料（6個分）

バター（無塩）…80g（またはオリーブ油…50g）
ベーコン（スライス）…3枚
玉ねぎ…2個
卵（L玉）…1個
牛乳（または豆乳）…80㎖
薄力粉…120g
全粒粉…50g
コーンスターチ…10g
塩…小さじ½
ベーキングパウダー…小さじ1½
グリュイエールチーズ（シュレッドタイプ
　／またはピザ用チーズ）…50g

下準備

●バターは室温に置いて、やわらかくする。

作り方

1 ベーコンは1㎝幅に切り、玉ねぎは薄切りにする。フライパンにバター10g（分量外）、玉ねぎを入れて、あめ色になるまでじっくり炒める。ベーコンを加えてさらに炒め、取り出して粗熱をとる。

2 卵は溶きほぐし、牛乳を加えてよく混ぜる。薄力粉、全粒粉、コーンスターチ、塩、ベーキングパウダーを合わせてざるに入れ、オーブン用シートの上にふるう。

3 大きめのボウルにバターを入れ、泡立て器でなめらかになるまでよく混ぜる。②のふるった粉を加え、ゴムべらでよく混ぜ合わせる（※オリーブ油を使用する場合も、ふるった粉とよく混ぜ合わせる）。

4 ③に②の卵液を2～3回に分けて加え、そのつどゴムべらでさっくり混ぜ合わせる。①、グリュイエールチーズも加えて、全体をさっくり混ぜ合わせる。

5 マフィン型に紙カップを敷いて④を均等に入れ、グリュイエールチーズ適量（分量外）を均等にのせる。190度に温めたオーブンで25分ほど焼く。

POTATO CUMIN CURRY MUFFIN

ポテトとクミンの カレーマフィン

じゃがいもがコロコロと入り、食べごたえも十分。
カレーのスパイシーな香りと
じゃがいもの食感で飽きさせません。

材料（6個分）

バター（無塩）…80g
　（またはオリーブ油…50g）
じゃがいも…1個
卵（L玉）…1個
牛乳（または豆乳）…80㎖
薄力粉…120g
全粒粉…50g
コーンスターチ…10g
カレー粉…大さじ1
塩…ひとつまみ
ベーキングパウダー…小さじ1½
グリュイエールチーズ
　（シュレッドタイプ／または
　ピザ用チーズ）…50g
クミンシード…小さじ1

下準備

● バターは室温に置いて、やわら
　かくする。
● じゃがいもはよく洗い、皮つき
　のまま小鍋に入れてかぶるくら
　いの水を入れ、中火にかける。
　竹串がスーッと刺さるまでゆで
　て水けをきり、粗熱をとる。皮
　をむいて1㎝角に切る。

作り方

1 卵は溶きほぐし、牛乳を加えてよく混ぜる。薄力粉、全
粒粉、コーンスターチ、カレー粉、塩、ベーキングパウ
ダーを合わせてざるに入れ、オーブン用シートの上にふ
るう。

2 大きめのボウルにバターを入れ、泡立て器でなめらかに
なるまでよく混ぜる。①のふるった粉を加え、ゴムべら
でよく混ぜ合わせる（※オリーブ油を使用する場合も、
ふるった粉とよく混ぜ合わせる）。

3 ②に①の卵液を2〜3回に分けて加え、そのつどゴムべ
らでさっくり混ぜ合わせる。じゃがいも、グリュイエー
ルチーズ、クミンシードも加えて、全体をさっくり混ぜ
合わせる。

4 マフィン型に紙カップを敷いて③を均等に入れ、190度
に温めたオーブンで25分ほど焼く。

MUSHROOM MUFFIN

マッシュルームマフィン

マッシュルームは炒めてうま味を凝縮させましょう。
ひと口食べれば、贅沢なおいしさを実感できます。

材料（6個分）

バター（無塩）… 80g
　（またはオリーブ油…50g）
マッシュルーム… 1 パック
玉ねぎ…½個
にんにく（みじん切り）…1 かけ分
塩…適量
粗びき黒こしょう…少々
卵（L玉）… 1 個
牛乳（または豆乳）…80㎖
薄力粉…120g
全粒粉…50g
コーンスターチ…10g
ベーキングパウダー…小さじ1½
グリュイエールチーズ
　（シュレッドタイプ／または
　　ピザ用チーズ）…50g

下準備

●バターは室温に置いて、やわら
　かくする。

作り方

1 マッシュルームは半分に切り、玉ねぎは薄切りにする。
　フライパンにバター10g（分量外）、にんにく、玉ねぎを
　に入れて中火で熱し、玉ねぎがしんなりするまで炒めた
　ら、マッシュルームを加えて炒め合わせ、塩少々、黒こ
　しょうをふって調味する。取り出して、粗熱をとる。

2 卵は溶きほぐし、牛乳を加えてよく混ぜる。薄力粉、全
　粒粉、コーンスターチ、塩ひとつまみ、ベーキングパウ
　ダーを合わせてざるに入れ、オーブン用シートの上にふ
　るう。

3 大きめのボウルにバターを入れ、泡立て器でなめらかに
　なるまでよく混ぜる。②のふるった粉を加え、ゴムべら
　でよく混ぜ合わせる（※オリーブ油を使用する場合も、
　ふるった粉とよく混ぜ合わせる）。

4 ③に②の卵液を 2 ～ 3 回に分けて加え、そのつどゴムべ
　らでさっくり混ぜ合わせる。①、グリュイエールチーズ
　も加えて、全体をさっくり混ぜ合わせる。

5 マフィン型に紙カップを敷いて④を均等に入れ、グリュ
　イエールチーズ適量（分量外）を均等にのせる。190度に
　温めたオーブンで25分ほど焼く。

BACON CHEESE CORN MUFFIN

CORN MUFFIN

コーンマフィン

何個でも食べられそうな、素朴でやさしい甘さが持ち味。
コーンミールの魅力を存分に感じられます。

材料（6個分）

バター（無塩）…80g
卵（L玉）…1個
牛乳（または豆乳）…80mℓ
薄力粉…90g
コーンミール…80g
コーンスターチ…10g
塩…ひとつまみ
ベーキングパウダー…小さじ1½
砂糖…30g

下準備

●バターは室温に置いて、やわらかくする。

作り方

1 卵は溶きほぐし、牛乳を加えてよく混ぜる。薄力粉、コーンミール、コーンスターチ、塩、ベーキングパウダーを合わせてざるに入れ、オーブン用シートの上にふるう。
2 大きめのボウルにバターを入れ、泡立て器でなめらかになるまでよく混ぜる。砂糖を2～3回に分けて加え、そのつど泡立て器ですり混ぜて全体が白っぽくなるまでよく混ぜる。
3 ②に①の卵液を4～5回に分けて加え、そのつどよく混ぜる。①のふるった粉も加え、ゴムべらで粉っぽさがなくなるまでさっくり混ぜ合わせる。
4 マフィン型に紙カップを敷いて③を均等に入れ、190度に温めたオーブンで25分ほど焼く。

BACON CHEESE CORN MUFFIN

ベーコンチーズコーンマフィン

生地の表面にふった黒こしょうでピリッと大人の味わいに。
ベーコンの代わりにソーセージを活用しても◎。

材料（6個分）

バター（無塩）…80g
ベーコン（スライス）…3枚
玉ねぎ…¼個
オリーブ油…適量
塩、粗びき黒こしょう…各適量
卵（L玉）…1個
牛乳（または豆乳）…80mℓ
薄力粉…90g
コーンミール…80g
コーンスターチ…10g
ベーキングパウダー…小さじ1½
砂糖…30g
グリュイエールチーズ（シュレッドタイプ／またはピザ用チーズ）…50g

下準備

●バターは室温に置いて、やわらかくする。

作り方

1 ベーコンは細切りにし、玉ねぎは薄切りにする。フライパンにオリーブ油を中火で熱し、玉ねぎを入れて炒める。しんなりするまで炒めたら、ベーコンを加えて炒め合わせ、塩、黒こしょう各少々をふって調味する。取り出して、粗熱をとる。
2 卵は溶きほぐし、牛乳を加えてよく混ぜる。薄力粉、コーンミール、コーンスターチ、塩ひとつまみ、ベーキングパウダーを合わせてざるに入れ、オーブン用シートの上にふるう。
3 大きめのボウルにバターを入れ、泡立て器でなめらかになるまでよく混ぜる。砂糖を2～3回に分けて加え、そのつど泡立て器ですり混ぜて全体が白っぽくなるまでよく混ぜる。
4 ③に②の卵液を4～5回に分けて加え、そのつどよく混ぜる。②のふるった粉も加え、ゴムべらで粉っぽさがなくなるまでさっくり混ぜ合わせたら、①、グリュイエールチーズも加えて混ぜ合わせる。
5 マフィン型に紙カップを敷いて④を均等に入れ、グリュイエールチーズ適量（分量外）をのせて、黒こしょう少々をふる。190度に温めたオーブンで25分ほど焼く。

Scone

サクサクのベジスコーンとしっとりミルクスコーン、
2種のおいしさをお届けします。
三角や四角など、スコーンの成形はお好みでどうぞ。

基本のVEGGIE SCONE

太白ごま油やオリーブ油で作るベジスコーンは、軽い食感がやみつきに。
材料もすべて植物性のものを使用しているので、とてもヘルシーです。

WHOLE WHEAT FLOUR SCONE

全粒粉スコーン

全粒粉の香ばしい風味が食欲をそそります。
シンプルな味わいは、食事としても満足できます。

材料（9個分）

A
- 薄力粉…140g
- 全粒粉…40g
- 砂糖…30g
- 塩…ひとつまみ
- ベーキングパウダー…小さじ1½

太白ごま油（または菜種油）…50g
豆乳…50㎖
打ち粉（薄力粉）…適量

作り方

1 Aを合わせてざるに入れ、大きめのボウルにふるう。太白ごま油を加えてカードで切るように混ぜ、サラサラの状態にする（a）。豆乳も加え、カードでさっくり混ぜ合わせる。

2 ①をひとまとめにしてカードで半分に切り（b）、ボウルの中で重ねて、上からギュッと押す（c）。同様にこの作業を4〜5回繰り返す。

3 打ち粉をした台に②を取り出し、めん棒または手で約12×10㎝にのばす。四辺の端を少しずつ切り落として四角く形を整え、放射状に8等分に切る（d）。切れ端はひとつにまとめ、丸める（e）。

4 オーブン用シートを敷いた天板に③を間隔をあけて並べ（f）、200度に温めたオーブンで15分焼く。温度を180度に下げ、再度5〜10分焼く。

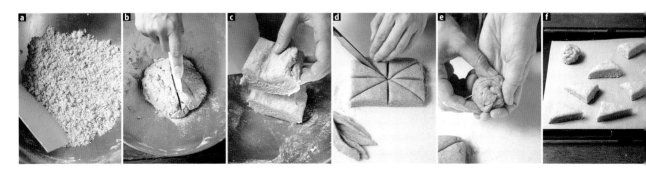

GINGER SCONE

MUSCOVADO WALNUTS SCONE

黒糖とくるみのスコーン

ひと口食べれば、黒糖のやさしい甘さに包まれます。
食感のいいくるみをアクセントでプラス。

材料（10個分）

- A
  - 薄力粉…140g
  - 全粒粉…40g
  - 黒砂糖…50g
  - 塩…ひとつまみ
  - ベーキングパウダー…小さじ 1 ½
- 太白ごま油（または菜種油）…50g
- 豆乳…50㎖
- くるみ…50g
- 打ち粉（薄力粉）…適量

下準備

● くるみは160度に温めたオーブンで10分ほど焼き、粗熱がとれたら刻む。

作り方

1 Aを合わせてざるに入れ、大きめのボウルにふるう。太白ごま油を加えてカードで切るように混ぜ、サラサラの状態にする。豆乳、くるみも加え、カードでさっくり混ぜ合わせる。

2 ①をひとまとめにしてカードで半分に切り、ボウルの中で重ねて、上からギュッと押す。同様にこの作業を4～5回繰り返す。

3 打ち粉をした台に②を取り出し、めん棒または手で約12×12cmにのばす。四辺の端を少しずつ切り落として四角く形を整え、9等分に切る。切れ端はひとつにまとめ、丸める。

4 オーブン用シートを敷いた天板に③を間隔をあけて並べ、200度に温めたオーブンで15分焼く。温度を180度に下げ、再度 5～10分焼く。

GINGER SCONE

ジンジャースコーン

しょうがの香りが際立つ、シンプルなスコーン。
甘いものが得意じゃなくても、このおいしさは別モノです。

材料（9個分）

- A
  - 薄力粉…140g
  - 全粒粉…40g
  - 砂糖…30g
  - 塩…ひとつまみ
  - ベーキングパウダー…小さじ 1 ½
- 太白ごま油（または菜種油）…50g
- しょうがのみじん切り…1 かけ分
- 豆乳…50㎖
- 打ち粉（薄力粉）…適量

作り方

1 Aを合わせてざるに入れ、大きめのボウルにふるう。太白ごま油を加えてカードで切るように混ぜ、サラサラの状態にする。しょうが、豆乳も加え、カードでさっくり混ぜ合わせる。

2 ①をひとまとめにしてカードで半分に切り、ボウルの中で重ねて、上からギュッと押す。同様にこの作業を4～5回繰り返す。

3 打ち粉をした台に②を取り出し、めん棒または手で約12×10cmにのばす。四辺の端を少しずつ切り落として四角く形を整え、放射状に8等分に切る。切れ端はひとつにまとめ、丸める。

4 オーブン用シートを敷いた天板に③を間隔をあけて並べ、200度に温めたオーブンで15分焼く。温度を180度に下げ、再度 5～10分焼く。

MISO SESAME SCONE

みそごまスコーン

昔懐かしい、甘じょっぱい味わい。
みそとごまの〝おいしいとこ〟を存分に堪能してください。

材料（10個分）

A
- 薄力粉…140g
- 全粒粉…40g
- 砂糖…30g
- ベーキングパウダー…小さじ 1½

太白ごま油（または菜種油）…50g

B
- 豆乳…50㎖
- みそ…小さじ 1

白いりごま…大さじ 1
打ち粉（薄力粉）…適量

下準備

●Bを混ぜ合わせる。

作り方

1 **A**を合わせてざるに入れ、大きめのボウルにふるう。太白ごま油を加えてカードで切るように混ぜ、サラサラの状態にする。**B**、白ごまも加え、カードでさっくり混ぜ合わせる。

2 ①をひとまとめにしてカードで半分に切り、ボウルの中で重ねて、上からギュッと押す。同様にこの作業を4～5回繰り返す。

3 打ち粉をした台に②を取り出し、めん棒または手で約12×12cmにのばす。四辺の端を少しずつ切り落として四角く形を整え、9等分に切る。切れ端はひとつにまとめ、丸める。

4 オーブン用シートを敷いた天板に③を間隔をあけて並べ、白ごま適量（分量外）を散らして200度に温めたオーブンで15分焼く。温度を180度に下げ、再度5～10分焼く。

ADZUKI BEANS CINNAMON SCONE

あずきとシナモンのスコーン

素朴なあずきとスパイシーなシナモン。
意外な組み合わせですが、食べるとハマります。

材料（9個分）

A
- 薄力粉…140g
- 全粒粉…40g
- 砂糖…20g
- 塩…ひとつまみ
- ベーキングパウダー…小さじ 1½
- シナモン（パウダー）…小さじ 2

太白ごま油（または菜種油）…50g
ゆであずき（缶詰）…100g
豆乳…40㎖
打ち粉（薄力粉）…適量

作り方

1 **A**を合わせてざるに入れ、大きめのボウルにふるう。太白ごま油を加えてカードで切るように混ぜ、サラサラの状態にする。あずき、豆乳も加え、カードでさっくり混ぜ合わせる。

2 ①をひとまとめにしてカードで半分に切り、ボウルの中で重ねて、上からギュッと押す。同様にこの作業を4～5回繰り返す。

3 打ち粉をした台に②を取り出し、めん棒または手で約12×18cmにのばす。四辺の端を少しずつ切り落として四角く形を整え、8等分に切る。切れ端はひとつにまとめ、丸める。

4 オーブン用シートを敷いた天板に③を間隔をあけて並べ、200度に温めたオーブンで15分焼く。温度を180度に下げ、再度5～10分焼く。

MISO SESAME SCONE

ADZUKI BEAN CINNAMON SCONE

ORANGE PEEL ALMOND SCONE

オレンジピールと アーモンドのスコーン

オレンジピールの甘酸っぱさとほろ苦さが抜群の相性。
たっぷり入ったアーモンドや、アイシングも魅力です。

材料（10個分）

A
- 薄力粉…140g
- 全粒粉…40g
- 砂糖…30g
- 塩…ひとつまみ
- ベーキングパウダー…小さじ 1½

太白ごま油（または菜種油）…50g
オレンジピール…40g
アーモンド…60g
豆乳…50mℓ
打ち粉（薄力粉）…適量

B
- 粉糖…40g
- オレンジのしぼり汁…小さじ 1〜2

下準備

● オレンジピールは細かく切る。
● アーモンドは160度に温めたオーブン で10分ほど焼き、粗熱がとれたら刻む。

作り方

1 Aを合わせてざるに入れ、大きめのボウルにふるう。太白ごま油を加えてカードで切るように混ぜ、サラサラの状態にする。オレンジピール、アーモンド50g、豆乳も加え、カードでさっくり混ぜ合わせる。

2 ①をひとまとめにしてカードで半分に切り、ボウルの中で重ねて、上からギュッと押す。同様にこの作業を 4〜5回繰り返す。

3 打ち粉をした台に②を取り出し、めん棒または手で約12×14cmにのばす。四辺の端を少しずつ切り落として四角く形を整え、8等分に切る。切れ端は半量ずつまとめ、丸める。

4 オーブン用シートを敷いた天板に③を間隔をあけて並べ、200度に温めたオーブンで15分焼く。温度を180度に下げ、再度 5〜10分焼く。ケーキクーラーの上に取り出し、粗熱をとる。

5 Bをスプーンでなめらかになるまで混ぜ合わせ、④の上面に線を描くようにしてかけ、残りのアーモンドを散らす。

CARROT FENNEL SCONE

にんじんとフェンネルのスコーン

にんじん×フェンネルは、試してほしい組み合わせ。
控えめな甘さは、子どもから大人まで喜ばれます。

材料（9個分）

A
- 薄力粉…140g
- 全粒粉…40g
- 砂糖…30g
- 塩…ひとつまみ
- ベーキングパウダー…小さじ1½

太白ごま油（または菜種油）…50g
にんじんのすりおろし
　…小1本分（50g）
フェンネルシード…小さじ1
豆乳…40㎖
打ち粉（薄力粉）…適量
はちみつ…好みで適量

作り方

1 Aを合わせてざるに入れ、大きめのボウルにふるう。太白ごま油を加えてカードで切るように混ぜ、サラサラの状態にする。にんじん、フェンネルシード、豆乳も加え、カードでさっくり混ぜ合わせる。

2 ①をひとまとめにしてカードで半分に切り、ボウルの中で重ねて、上からギュッと押す。同様にこの作業を4〜5回繰り返す。

3 打ち粉をした台に②を取り出し、めん棒または手で約12×10㎝にのばす。四辺の端を少しずつ切り落として四角く形を整え、放射状に8等分に切る。切れ端はひとつにまとめ、丸める。

4 オーブン用シートを敷いた天板に③を間隔をあけて並べ、フェンネルシード少々（分量外）をのせて200度に温めたオーブンで15分焼く。温度を180度に下げ、再度5〜10分焼く。好みではちみつをつけていただく。

SUN-DRIED CHERRY PISTACHIO SCONE

ドライチェリーと ピスタチオのスコーン

ドライフルーツ×ナッツはスコーンにおすすめの食材。
分量を守れば、好きなものに替えてもOKです。

材料（10個分）

A
- 薄力粉…140g
- 全粒粉…40g
- 砂糖…30g
- 塩…ひとつまみ
- ベーキングパウダー…小さじ1½

太白ごま油（または菜種油）…50g
チェリー（ドライ）…50g
ピスタチオ…30g
豆乳…50㎖
打ち粉（薄力粉）…適量

下準備

● ピスタチオは160度に温めたオーブン
で10分ほど焼き、粗熱がとれたら刻む。

作り方

1 Aを合わせてざるに入れ、大きめのボウルにふるう。太
白ごま油を加えてカードで切るように混ぜ、サラサラの
状態にする。チェリー、ピスタチオ、豆乳も加え、カー
ドでさっくり混ぜ合わせる。

2 ①をひとまとめにしてカードで半分に切り、ボウルの中
で重ねて、上からギュッと押す。同様にこの作業を4～
5回繰り返す。

3 打ち粉をした台に②を取り出し、めん棒または手で約
12×12㎝にのばす。四辺の端を少しずつ切り落として
四角く形を整え、9等分に切る。切れ端はひとつにまと
め、丸める。

4 オーブン用シートを敷いた天板に③を間隔をあけて並べ、
200度に温めたオーブンで15分焼く。温度を180度に下
げ、再度5～10分焼く。

COOKIE MUFFIN 073 SCONE CAKE

Savory Veggie Scone

サイズ感を自由に楽しめるのも、手作りの醍醐味です。
ひと口サイズにすれば"おつまみ"、大きめにすれば"食事"にピッタリ。

SEAWEED SCONE

シーウィードスコーン

あおさのりの風味がふわっと広がり、心地よいおいしさに。
色味の鮮やかさも、食欲を刺激するスパイスになります。

材料（13個分）

A
┌ 薄力粉…140g
│ 全粒粉…40g
│ 砂糖…10g
│ 塩…ひとつまみ
└ ベーキングパウダー…小さじ 1 ½
オリーブ油（または太白ごま油）…50g
あおさのり
　…大さじ 1（または青のり小さじ 1）
豆乳…50㎖
打ち粉（薄力粉）…適量

作り方

1 Aを合わせてざるに入れ、大きめのボウルにふるう。オリーブ油を加えてカードで切るように混ぜ、サラサラの状態にする。あおさのり、豆乳も加え、カードでさっくり混ぜ合わせる。

2 ①をひとまとめにしてカードで半分に切り、ボウルの中で重ねて、上からギュッと押す。同様にこの作業を 4 〜 5 回繰り返す。

3 打ち粉をした台に②を取り出し、めん棒または手で約 12×16㎝にのばす。四辺の端を少しずつ切り落として四角く形を整え、12等分に切る。切れ端はひとつにまとめ、丸める。

4 オーブン用シートを敷いた天板に③を間隔をあけて並べ、200度に温めたオーブンで15分焼く。温度を180度に下げ、再度 5 〜10分焼く。

CARAMELIZATION ONION SCONE

キャラメリゼオニオンのスコーン

玉ねぎをじっくり、じっくり炒めることで、
うまみが凝縮された、贅沢な味わいに仕上がります。

材料（9個分）

玉ねぎ… 1個
塩、こしょう…各少々
A
薄力粉…140g
全粒粉…40g
砂糖…10g
塩…ひとつまみ
ベーキングパウダー…小さじ 1½
オリーブ油（または太白ごま油）…50g
豆乳…50㎖
打ち粉（薄力粉）…適量

作り方

1 玉ねぎはみじん切りにする。フライパンにオリーブ油大さじ 1（分量外）を中火で熱し、玉ねぎを入れてあめ色になるまでしっかり炒めて塩、こしょうをふり、粗熱をとる。

2 Aを合わせてざるに入れ、大きめのボウルにふるう。オリーブ油を加えてカードで切るように混ぜ、サラサラの状態にする。①を加えてカードで粉とよく混ぜ合わせ、豆乳も加えてさっくり混ぜ合わせる。

3 ②をひとまとめにしてカードで半分に切り、ボウルの中で重ねて、上からギュッと押す。同様にこの作業を 4〜5 回繰り返す。

4 打ち粉をした台に③を取り出し、めん棒または手で約 12×10㎝にのばす。四辺の端を少しずつ切り落として四角く形を整え、放射状に 8 等分に切る。切れ端はひとつにまとめ、丸める。

5 オーブン用シートを敷いた天板に④を間隔をあけて並べ、200度に温めたオーブンで15分焼く。温度を180度に下げ、再度 5〜10分焼く。

OLIVE PAPRIKA SCONE   CORNMEAL SCONE

OLIVE PAPRIKA SCONE

オリーブとパプリカのスコーン

小さめサイズのスコーンはおつまみにも最適。
オリーブとパプリカで、少量でも食べごたえのある味に。

材料（18個分）

A
- 薄力粉…140g
- 全粒粉…40g
- 砂糖…10g
- 塩…ひとつまみ
- ベーキングパウダー…小さじ 1½

オリーブ油（または太白ごま油）…50g
黒オリーブ（スライス）…20g
パプリカ（赤）…½個
こしょう…少々
豆乳…50㎖
打ち粉（薄力粉）…適量

下準備

● パプリカは 5 ㎜角に切る。

作り方

1 Aを合わせてざるに入れ、大きめのボウルにふるう。オリーブ油を加えてカードで切るように混ぜ、サラサラの状態にする。黒オリーブ、パプリカ、こしょう、豆乳も加え、カードでさっくり混ぜ合わせる。

2 ①をひとまとめにしてカードで半分に切り、ボウルの中で重ねて、上からギュッと押す。同様にこの作業を 4 〜 5 回繰り返す。

3 打ち粉をした台に②を取り出し、めん棒または手で約 12×12 ㎝にのばす。四辺の端を少しずつ切り落として四角く形を整え、16等分に切る。切れ端は半量ずつまとめ、丸める。

4 オーブン用シートを敷いた天板に③を間隔をあけて並べ、200度に温めたオーブンで15分焼く。温度を180度に下げ、再度 5 〜10分焼く。

CORNMEAL SCONE

コーンミールスコーン

ほのかな甘みと香ばしさはコーンミールならでは。
チーズやディップなどを添えても美味。

材料（14個分）

A
- 薄力粉…150g
- コーンミール…30g
- 砂糖…10g
- 塩…ひとつまみ
- ベーキングパウダー…小さじ 1½

太白ごま油（または菜種油）…50g
豆乳…50㎖
打ち粉（コーンミール）…適量

作り方

1 Aを合わせてざるに入れ、大きめのボウルにふるう。太白ごま油を加えてカードで切るように混ぜ、サラサラの状態にする。豆乳も加え、カードでさっくり混ぜ合わせる。

2 ①をひとまとめにしてカードで半分に切り、ボウルの中で重ねて、上からギュッと押す。同様にこの作業を 4 〜 5 回繰り返す。

3 打ち粉をした台に②を取り出し、めん棒または手で約 12×8 ㎝にのばす。再度打ち粉をふり、四辺の端を少しずつ切り落として四角く形を整え、放射状に12等分に切る。切れ端は半量ずつまとめ、丸める。

4 オーブン用シートを敷いた天板に③を間隔をあけて並べ、200度に温めたオーブンで15分焼く。温度を180度に下げ、再度 5 〜10分焼く。

基本のMILK SCONE

バターが香る、しっとりした食感が魅力のミルクスコーン。
層になった生地が口の中で、ほろほろ溶けていきます。

MILK SCONE

ミルクスコーン | バターと粉をサラサラになるまで合わせることで、
独特の食感につながります。フードプロセッサーで混ぜてもOK。

材料（8個分）

A
- 薄力粉…180g
- 砂糖…20g
- 塩…ひとつまみ
- ベーキングパウダー…小さじ1½

バター（無塩）…50g

B
- 卵…1個
- 牛乳…30㎖

打ち粉（薄力粉）…適量

下準備

● バターは1㎝角に切り、使用する直前
まで冷蔵室で冷やす。

作り方

1 Aを合わせてざるに入れ、大きめのボウルにふるう。バ
ターを加えてカードで切るように混ぜ（a）、さらに指の
腹ですり合わせるようにしてサラサラの状態にする（b）。
合わせたBも加え（c）、カードでさっくり混ぜ合わせる。

2 ①をひとまとめにしてカードで半分に切り、ボウルの中
で重ねて、上からギュッと押す（d）。同様にこの作業を
4〜5回繰り返す。

3 打ち粉をした台に②を取り出し、めん棒または手で約
12×10㎝にのばす。四辺の端を少しずつ切り落として
四角く形を整え、6等分に切る（e）。切れ端は半量ずつ
まとめ、丸める。

4 オーブン用シートを敷いた天板に③を間隔をあけて並べ
（f）、200度に温めたオーブンで15分焼く。温度を180度
に下げ、再度5〜10分焼く。

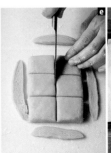

YOGURT MINT SCONE

ヨーグルトミントスコーン

あっさりとしたヨーグルト生地には、
ミントのさわやかな香りが絶妙に合います。

材料（8個分）

A
- 薄力粉…180g
- 砂糖…20g
- 塩…ひとつまみ
- ベーキングパウダー…小さじ 1½

バター（無塩）…50g
ミント…10g

B
- ヨーグルト（無糖）…60g
- 牛乳…大さじ 1

打ち粉（薄力粉）…適量
レモンカード（P97参照）…好みで適量

下準備

● バターは 1 ㎝角に切り、使用する直前
まで冷蔵室で冷やす。
● ミントは粗く刻む。

作り方

1 Aを合わせてざるに入れ、大きめのボウルにふるう。バ
ターを加えてカードで切るように混ぜ、さらに指の腹で
すり合わせるようにしてサラサラの状態にする。ミント、
合わせたBも加え、カードでさっくり混ぜ合わせる。

2 ①をひとまとめにしてカードで半分に切り、ボウルの中
で重ねて、上からギュッと押す。同様にこの作業を4～
5回繰り返す。

3 打ち粉をした台に②を取り出し、めん棒または手で約
12×10㎝にのばす。四辺の端を少しずつ切り落として
四角く形を整え、6等分に切る。切れ端は半量ずつまと
め、丸める。

4 オーブン用シートを敷いた天板に③を間隔をあけて並べ、
200度に温めたオーブンで15分焼く。温度を180度に下
げ、再度5～10分焼く。好みでレモンカードをつけてい
ただく。

MILK TEA SCONE

ミルクティースコーン

ミルクティーと茶葉をダブルで使うことで、風味が一層豊かに。
ティータイムのお供にも、おすすめです。

材料（10個分）

A
- 薄力粉…180g
- 砂糖…30g
- 塩…ひとつまみ
- ベーキングパウダー…小さじ1½

バター（無塩）…50g
紅茶の茶葉…小さじ1

B
- ミルクティー（無糖）…60ml
- レモンのしぼり汁…小さじ1

打ち粉（薄力粉）…適量

下準備

● バターは1cm角に切り、使用する直前まで冷蔵室で冷やす。

作り方

1 Aを合わせてざるに入れ、大きめのボウルにふるう。バターを加えてカードで切るように混ぜ、さらに指の腹ですり合わせるようにしてサラサラの状態にする。茶葉、合わせたBも加え、カードでさっくり混ぜ合わせる。

2 ①をひとまとめにしてカードで半分に切り、ボウルの中で重ねて、上からギュッと押す。同様にこの作業を4～5回繰り返す。

3 打ち粉をした台に②を取り出し、めん棒または手で約12×10cmにのばす。四辺の端を少しずつ切り落として四角く形を整え、放射状に8等分に切る。切れ端は半量ずつまとめ、丸める。

4 オーブン用シートを敷いた天板に③を間隔をあけて並べ、200度に温めたオーブンで15分焼く。温度を180度に下げ、再度5～10分焼く。

PUMPKIN SCONE

パンプキンスコーン

かぼちゃのうまみをストレートに味わえます。
ほんのりオレンジ色に仕上がり、見た目もかわいい。

材料（8個分）

A
- 薄力粉…180g
- 砂糖…20g
- シナモン（パウダー）…小さじ1
- 塩…ひとつまみ
- ベーキングパウダー…小さじ1½

バター（無塩）…50g
パンプキンシード…30g

B
- 牛乳…30ml
- かぼちゃ…50g

打ち粉（薄力粉）…適量

下準備

● バターは1cm角に切り、使用する直前まで冷蔵室で冷やす。

● Bのかぼちゃはラップで包み、電子レンジ（600W）で1～2分加熱し、つぶす。

作り方

1 Aを合わせてざるに入れ、大きめのボウルにふるう。バターを加えてカードで切るように混ぜ、さらに指の腹ですり合わせるようにしてサラサラの状態にする。パンプキンシード、混ぜ合わせたBも加え、カードでさっくり混ぜ合わせる。

2 ①をひとまとめにしてカードで半分に切り、ボウルの中で重ねて、上からギュッと押す。同様にこの作業を4～5回繰り返す。

3 打ち粉をした台に②を取り出し、めん棒または手で約12×12cmにのばす。四辺の端を少しずつ切り落として四角く形を整え、6等分に切る。切れ端は半量ずつまとめ、丸める。

4 オーブン用シートを敷いた天板に③を間隔をあけて並べ、200度に温めたオーブンで15分焼く。温度を180度に下げ、再度5～10分焼く。

PUMPKIN SCONE

WHITE CHOCOLATE CRANBERRY COCOA SCONE

MAPLE CREAM CHEESE SCONE

メープルとクリームチーズのスコーン

クリームチーズでしっとり感倍増。
メープルシュガーの風味があとをひきます。

材料（8個分）

A
- 薄力粉…180g
- メープルシュガー…70g
- 塩…ひとつまみ
- ベーキングパウダー…小さじ1½

バター（無塩）…50g

B
- 牛乳…60㎖
- レモンのしぼり汁…小さじ1

クリームチーズ…80g
打ち粉（薄力粉）…適量

下準備

● バターは1㎝角に切り、使用する直前まで冷蔵室で冷やす。
● クリームチーズを1㎝角に切る。

作り方

1 Aを合わせてざるに入れ、大きめのボウルにふるう。バターを加えてカードで切るように混ぜ、さらに指の腹ですり合わせるようにしてサラサラの状態にする。合わせたBも加え、カードでさっくり混ぜ合わせる。

2 ①にクリームチーズを加えてひとまとめにし、カードで半分に切ってボウルの中で重ねて、上からギュッと押す。同様にこの作業を4〜5回繰り返す。

3 打ち粉をした台に②を取り出し、めん棒または手で約12×10㎝にのばす。四辺の端を少しずつ切り落として四角く形を整え、6等分に切る。切れ端は半量ずつまとめ、丸める。

4 オーブン用シートを敷いた天板に③を間隔をあけて並べ、200度に温めたオーブンで15分焼く。温度を180度に下げ、再度5〜10分焼く。ケーキクーラーの上に取り出して粗熱をとり、器に盛って好みでクリームチーズ適量（分量外）を添える。

WHITE CHOCOLATE CRANBERRY COCOA SCONE

ホワイトチョコとクランベリーのココアスコーン

ビターなココア生地には、甘いホワイトチョコと酸味のある
クランベリーをたっぷりと。何個でも食べられる味わいです。

材料（9個分）

A
- 薄力粉…180g
- ココアパウダー…大さじ1½
- 砂糖…20g
- 塩…ひとつまみ
- ベーキングパウダー…小さじ1½

バター（無塩）…50g
ホワイトチョコレート…60g
クランベリー（ドライ）…60g

B
- 牛乳…60㎖
- レモンのしぼり汁…小さじ1

打ち粉（薄力粉）…適量

下準備

● バターは1㎝角に切り、使用する直前まで冷蔵室で冷やす。
● チョコレートは粗く刻む。

作り方

1 Aを合わせてざるに入れ、大きめのボウルにふるう。バターを加えてカードで切るように混ぜ、さらに指の腹ですり合わせるようにしてサラサラの状態にする。チョコレート、クランベリー、合わせたBも加え、カードでさっくり混ぜ合わせる。

2 ①をひとまとめにしてカードで半分に切り、ボウルの中で重ねて、上からギュッと押す。同様にこの作業を4〜5回繰り返す。

3 打ち粉をした台に②を取り出し、めん棒または手で約12×10㎝にのばす。四辺の端を少しずつ切り落として四角く形を整え、8等分の棒状に切る。切れ端はひとつにまとめ、棒状にする。

4 オーブン用シートを敷いた天板に③を間隔をあけて並べ、200度に温めたオーブンで15分焼く。温度を180度に下げ、再度5〜10分焼く。

PEANUT BUTTER BLUEBERRY SCONE

LEMON SCONE

レモンスコーン

レモンの皮を生地にも、アイシングにも使ったスコーン。
さわやかな香りに包まれ、幸せな気持ちに浸れます。

材料（10個分）

A
- 薄力粉…180g　　砂糖…20g
- 塩…ひとつまみ
- ベーキングパウダー…小さじ1½

バター（無塩）…50g　　タイム…3本
レモンの皮（国産）…1個分

B
- 牛乳…60㎖
- レモンのしぼり汁…小さじ1

打ち粉（薄力粉）…適量

C
- 粉糖…40g
- レモンのしぼり汁…小さじ1〜2

下準備

- バターは1㎝角に切り、使用する直前まで冷蔵室で冷やす。
- タイムは刻む。
- レモンの皮は黄色い部分のみを細かくすりおろす。

作り方

1 Aを合わせてざるに入れ、大きめのボウルにふるう。バターを加えてカードで切るように混ぜ、さらに指の腹ですり合わせるようにしてサラサラの状態にする。タイム、レモンの皮、合わせたBも加え、カードでさっくり混ぜ合わせる。

2 ①をひとまとめにしてカードで半分に切り、ボウルの中で重ねて、上からギュッと押す。同様にこの作業を4〜5回繰り返す。

3 打ち粉をした台に②を取り出し、めん棒または手で約12×10㎝にのばす。四辺の端を少しずつ切り落として四角く形を整え、放射状に8等分に切る。切れ端は半量ずつまとめ、丸める。

4 オーブン用シートを敷いた天板に③を間隔をあけて並べ、200度に温めたオーブンで15分焼く。温度を180度に下げ、再度5〜10分焼く。ケーキクーラーの上に取り出し、粗熱をとる。

5 Cをスプーンでなめらかになるまで混ぜ合わせ、④の上面に線を描くようにしてかける。好みですりおろしたレモンの皮、刻んだタイム各少々（分量外）を散らす。

PEANUT BUTTER BLUEBERRY SCONE

ピーナッツバターと
ブルーベリーのスコーン

濃厚なピーナッツバターにはブルーベリーの甘酸っぱさがよく合います。
新鮮なかけ合わせを楽しめるのも、手作りならでは。

材料（9個分）

A
- 薄力粉…140g　　全粒粉…40g
- 砂糖…30g　　塩…ひとつまみ
- ベーキングパウダー…小さじ1½

バター（無塩）…50g
ピーナッツバター（無糖・粒入り）
　…大さじ3
ブルーベリー…70g

B
- 牛乳…60㎖
- レモンのしぼり汁…小さじ1

打ち粉（薄力粉）…適量

下準備

- バターは1㎝角に切り、使用する直前まで冷蔵室で冷やす。

作り方

1 Aを合わせてざるに入れ、大きめのボウルにふるう。バターを加えてカードで切るように混ぜ、さらに指の腹ですり合わせるようにしてサラサラの状態にする。ピーナッツバターを入れてカードで混ぜ合わせ、ブルーベリー、合わせたBも加え、さっくり混ぜ合わせる。

2 ①をひとまとめにしてカードで半分に切り、ボウルの中で重ねて、上からギュッと押す。同様にこの作業を4〜5回繰り返す。

3 打ち粉をした台に②を取り出し、めん棒または手で約12×10㎝にのばす。四辺の端を少しずつ切り落として四角く形を整え、放射状に8等分に切る。切れ端はひとつにまとめ、丸める。

4 オーブン用シートを敷いた天板に③を間隔をあけて並べ、200度に温めたオーブンで15分焼く。温度を180度に下げ、再度5〜10分焼く。

Savory Milk Scone

バターや牛乳が入ったリッチな生地に、
チーズやハーブなどを取り入れ、大人味のスコーンに仕上げました。

PARMESAN CHEESE
ITALIAN PARSLEY SCONE

パルメザンチーズと
イタリアンパセリのスコーン

イタリアンパセリの葉を飾り、見た目も素敵に演出を。
チーズのコクも加え、さらに風味よく!

材料(9個分)

A
- 薄力粉…180g
- 砂糖…10g
- 塩…ひとつまみ
- ベーキングパウダー…小さじ1½

バター(無塩)…50g
パルメザンチーズ…30g
イタリアンパセリ…3本

B
- 牛乳…60㎖
- レモンのしぼり汁…小さじ1

打ち粉(薄力粉)…適量

下準備

● バターは1㎝角に切り、使用する直前まで冷蔵室で冷やす。
● イタリアンパセリは刻む。

作り方

1 **A**を合わせてざるに入れ、大きめのボウルにふるう。バターを加えてカードで切るように混ぜ、さらに指の腹ですり合わせるようにしてサラサラの状態にする。パルメザンチーズ、イタリアンパセリ、合わせた**B**も加え、カードでさっくり混ぜ合わせる。

2 ①をひとまとめにしてカードで半分に切り、ボウルの中で重ねて、上からギュッと押す。同様にこの作業を4〜5回繰り返す。

3 打ち粉をした台に②を取り出し、めん棒または手で約12×12㎝にのばす。イタリアンパセリの葉9枚(分量外)をのせ、9等分に切る。

4 オーブン用シートを敷いた天板に③を間隔をあけて並べ、200度に温めたオーブンで15分焼く。温度を180度に下げ、再度5〜10分焼く。

SQUID INK GARLIC
CAYENNE PEPPER SCONE

いかすみガーリックチリスコーン

ガツンと効いたにんにく風味に、お酒もすすみます。
真っ黒な仕上がりは、見た目のインパクトも◎。

材料（20個分）

A
- 薄力粉…180g
- 砂糖…10g
- カイエンペッパー…小さじ¼
- 塩…ひとつまみ
- こしょう…少々
- ベーキングパウダー…小さじ1½

バター（無塩）…50g
フライドオニオン（市販品）…大さじ3

B
- 牛乳…60mℓ
- レモンのしぼり汁…小さじ1
- いかすみペースト（市販品）…3g
- にんにくのすりおろし…1かけ分

打ち粉（薄力粉）…適量

下準備

●バターは1cm角に切り、使用する直前
まで冷蔵室で冷やす。

作り方

1 Aを合わせてざるに入れ、大きめのボウルにふるう。バターを加えてカードで切るように混ぜ、さらに指の腹ですり合わせるようにしてサラサラの状態にする。フライドオニオン、合わせたBも加え、カードでさっくり混ぜ合わせる。

2 ①をひとまとめにしてカードで半分に切り、ボウルの中で重ねて、上からギュッと押す。同様にこの作業を4～5回繰り返す。

3 打ち粉をした台に②を取り出し、めん棒または手で約12×12cmにのばす。四辺の端を少しずつ切り落として四角く形を整え、18等分の三角形に切る。切れ端は半量ずつまとめ、丸める。

4 オーブン用シートを敷いた天板に③を間隔をあけて並べ、200度に温めたオーブンで15分焼く。温度を180度に下げ、再度5～10分焼く。

SPINACH BACON SCONE

ほうれん草とベーコンのスコーン

噛めば噛むほど、素材の味を実感できます。
定番コンビも、スコーンにすることでひと味違うおいしさに。

材料（10個分）

A ┌ 薄力粉…180g　　砂糖…10g
　　│ 塩…ひとつまみ　　こしょう…少々
　　└ ベーキングパウダー…小さじ 1½
ほうれん草…1 株　　ベーコン…1 枚
玉ねぎ…¼個　　オリーブ油…小さじ 1
バター（無塩）…50g
B ┌ 卵…1 個
　　└ 牛乳…大さじ 1
打ち粉（薄力粉）…適量

下準備

● バターは 1 cm角に切り、使用する直前
　まで冷蔵室で冷やす。

作り方

1 ほうれん草、ベーコン、玉ねぎはみじん切りにし、フライパンにオリーブ油を熱してしんなりするまで炒める。
2 **A**を合わせてざるに入れ、大きめのボウルにふるう。バターを加えてカードで切るように混ぜ、さらに指の腹ですり合わせるようにしてサラサラの状態にする。①、合わせた**B**も加え、カードでさっくり混ぜ合わせる。
3 ②をひとまとめにしてカードで半分に切り、ボウルの中で重ねて、上からギュッと押す。同様にこの作業を 4 〜5 回繰り返す。
4 打ち粉をした台に③を取り出し、めん棒または手で約12×10cmにのばす。四辺の端を少しずつ切り落として四角く形を整え、放射状に 8 等分に切る。切れ端は半量ずつまとめ、丸める。
5 オーブン用シートを敷いた天板に④を間隔をあけて並べ、200度に温めたオーブンで15分焼く。温度を180度に下げ、再度 5 〜10分焼く。

ANCHOVY BASIL SCONE

アンチョビとバジルのスコーン

サイコロ状に小さく切るだけで、スナック風にも楽しめます。
バジルの香りとアンチョビの塩けがやみつきになりそう。

材料（34個分）

A ┌ 薄力粉…180g　　砂糖…10g
　　│ 塩…ひとつまみ　　こしょう…少々
　　└ ベーキングパウダー…小さじ 1½
バター（無塩）…50g
アンチョビ…5 枚
バジル…30g
B ┌ 牛乳…60mℓ
　　└ レモンのしぼり汁…小さじ 1
打ち粉（薄力粉）…適量

下準備

● バターは 1 cm角に切り、使用する直前
　まで冷蔵室で冷やす。
● アンチョビ、バジルは刻む。

作り方

1 **A**を合わせてざるに入れ、大きめのボウルにふるう。バターを加えてカードで切るように混ぜ、さらに指の腹ですり合わせるようにしてサラサラの状態にする。アンチョビ、バジル、合わせた**B**も加え、カードでさっくり混ぜ合わせる。
2 ①をひとまとめにしてカードで半分に切り、ボウルの中で重ねて、上からギュッと押す。同様にこの作業を 4 〜5 回繰り返す。
3 打ち粉をした台に②を取り出し、めん棒または手で約12×16cmにのばす。四辺の端を少しずつ切り落として四角く形を整え、30等分に切る。切れ端は 4 等分にしてまとめ、丸める。
4 オーブン用シートを敷いた天板に③を間隔をあけて並べ、200度に温めたオーブンで15分焼く。温度を180度に下げ、再度 5 〜10分焼く。

ANCHOVY BASIL SCONE

Column

スコーンに添えて

クロテッドクリーム

あっという間に完成する、即席クロテッドクリーム。

材料（作りやすい分量）＆作り方
クリームチーズ50g、生クリーム50g、砂糖小さじ1〜2をゴムべらで混ぜ合わせる。

→ドライチェリーとピスタチオのスコーン（P72）に添えて。

練乳

自家製の練乳は極上の味。パンや果物と合わせても。

材料（作りやすい分量）＆作り方
鍋に牛乳1ℓ、砂糖250gを入れて中火にかけ、とろみがつくまで煮詰める。

→ミルクティースコーン（P84）に添えて。

ブルーベリーとブラックペッパーのコンフィチュール

スパイスの香りが絶妙！ 風味よく仕上げて。

材料（作りやすい分量）＆作り方
ブルーベリー300gと砂糖150gを鍋に入れてひと晩おく。中火にかけ、焦げないように混ぜながら半量以下になるまで煮詰める。レモンのしぼり汁1個分、こしょう、シナモン（パウダー）各小さじ1を加え、混ぜ合わせる。

→ピーナッツバターとブルーベリーのスコーン（P88）に添えて。

アボカドクリーム

濃厚なアボカドをチーズとレモンでさっぱり。

材料（作りやすい分量）＆作り方
アボカド½個、クリームチーズ大さじ2、レモンのしぼり汁¼個分をミキサーに入れ、攪拌する。

→オリーブとパプリカのスコーン（P78）に添えて。

そのまま食べても十分おいしいスコーンですが、クリームやコンフィチュールなどをプラスすることで、より一層、贅沢な味わいを楽しむことができます。相性のよい、お気に入りの組み合わせを紹介していますが、絶対にコレと合わせなきゃダメ！ ということではないので、いろいろな組み合わせにチャレンジしてみてください。自分好みのとっておきに出会えることで、スコーンの新しいおいしさに気づくだけでなく、手作りの楽しみがさらに広がっていくはずです。

レモンカード

甘酸っぱいおいしさが、素朴なスコーンと好相性。

材料（作りやすい分量）& 作り方
レモンのしぼり汁1個分、溶き卵1個分、砂糖65g、バター（無塩）50gをボウルに入れて湯せんにかけ、とろりとするまでゴムべらで混ぜ合わせる。

→全粒粉スコーン（P62）に添えて。

自家製カッテージチーズ

サレスコーンに合わせれば、立派なおつまみに。

材料（作りやすい分量）& 作り方
鍋に牛乳500㎖、レモンのしぼり汁（または酢）大さじ1½、塩小さじ1を入れて混ぜ、弱めの中火にかける。表面がフツフツとした状態を保ちながら煮詰め、ときどき耐熱のゴムべらで鍋底から混ぜる。ふわっとしたかたまりが浮き、水分が透き通ってきたら火を止める（※沸騰させてしまうと、うまく分離しなくなるので注意）。ボウルにざるを重ねてペーパータオルを敷き、チーズを入れて水けをきる。

→いかすみガーリックリスコーン（P92）に添えて。

バターがないときは・・・

生クリーム（動物性）200㎖をビンなどに入れて密閉し、上下に大きく振ることで約110gの自家製バターを作ることができます。生クリームがバターになるまで少し時間がかかるので、根気よく振り続けましょう。また、バターが仕上がった際にできる分離した水分は「バターミルク」として活用することができます。バターミルクは、バターで作るミルクスコーン（P80-95）で使用している「牛乳60㎖＋レモンのしぼり汁小さじ1」を「バターミルク65㎖」に替えて、同様に作ることが可能です。冷蔵室で2〜3日保存できます。

Cake

ケーキ作り初心者の方でも作りやすい、
パウンド型とホーローバットで作るケーキをご紹介します。
ぐるぐる混ぜ、流し込めば完成です。

基本のPOUND CAKE

焼き菓子の王道、パウンドケーキ。定番の味から
塩味のサレケーキも楽しめ、メニューの幅が広がります。

VANILLA POUND CAKE

バニラパウンドケーキ

昔ながらのケーキはバニラビーンズをたっぷり使った贅沢な味。
口当たりなめらかな、しっとり食感に仕上げています。

材料（18×8×6cmのパウンド型1台分）
バター（無塩）…100g
バニラビーンズ…1本
砂糖…100g
卵…2個
A ┌ 薄力粉…100g
　├ アーモンドプードル…20g
　├ コーンスターチ…10g
　├ ベーキングパウダー…小さじ1
　└ 塩…ひとつまみ
ブランデー（またはラム酒）…50ml

下準備
● バターは室温にもどす。
● バニラビーンズは包丁をねかせてさや
　を切り開き、刃先で種をかき出す（a）。
● 型にオーブン用シートを敷く。

作り方

1 大きめのボウルにバターを入れ、なめらかなクリーム状
　になるまで泡立て器で混ぜる（b）。バニラビーンズの種、
　砂糖を入れて白っぽくふんわりするまで混ぜる（c）。
2 卵を溶きほぐして①に2回に分けて加え、そのつど泡立
　て器でよく混ぜる。
3 Aを合わせてざるに入れ、②にふるう。泡立て器でしっ
　かり混ぜ合わせて型に入れ、表面をゴムべらで平らにな
　らす（d）。
4 180度に温めたオーブンに③を入れ、10分焼く。一度取
　り出してナイフで縦に切り込みを入れ（e）、再度オーブ
　ンで30〜40分焼く。竹串を刺して何もついてこなければ
　型から取り出し、ケーキクーラーにのせてハケでブラン
　デーをぬる（f）。

ORANGE ROSEMARY POUND CAKE   MARRON POUND CAKE

ORANGE ROSEMARY POUND CAKE

オレンジとローズマリーのパウンドケーキ

皮ごと使ったオレンジの甘みと苦みのバランスが◎。
ローズマリーの香りを加えることで、お店に負けない一品に。

材料（18×8×6㎝のパウンド型1台分）

オレンジ…2個
バター（無塩）…100g
砂糖…100g
卵…2個
ローズマリー…1本

A
┌ 薄力粉…100g
│ アーモンドプードル…20g
│ コーンスターチ…10g
│ ベーキングパウダー…小さじ1
└ 塩…ひとつまみ

オレンジのしぼり汁…50㎖

下準備

● バターは室温にもどす。
● ローズマリーは葉を摘み、細かく刻む。
● 型にオーブン用シートを敷く。

作り方

1 オレンジ1個は5㎜幅の半月切りを10枚分切り取り、残りは果肉をしぼる。残り1個は皮と薄皮を除き、果肉をほぐす。
2 大きめのボウルにバターを入れ、なめらかなクリーム状になるまで泡立て器で混ぜる。砂糖を入れて白っぽくふんわりするまで混ぜる。
3 卵を溶きほぐして②に2回に分けて加え、そのつど泡立て器でよく混ぜる。ローズマリー、①の果肉としぼり汁も加えて合わせる。
4 Aを合わせてざるに入れ、③にふるう。泡立て器でしっかり混ぜ合わせて型に入れ、表面をゴムべらで平らにならす。オレンジの半月切りを上面に並べ、砂糖大さじ1（分量外）をオレンジにまんべんなくかける。
5 180度に温めたオーブンに④を入れ、10分焼く。一度取り出してナイフで縦に切り込みを入れ、再度オーブンで30～40分焼く。竹串を刺して何もついてこなければ型から取り出し、ケーキクーラーにのせてハケでオレンジのしぼり汁をぬる。好みでローズマリー1本（分量外）を添える。

MARRON POUND CAKE

マロンケーキ

マロンペーストと渋皮煮を使うことで、味に奥行きがでます。
飽きのこない控えめな甘さも好印象。

材料（18×8×6㎝のパウンド型1台分）

バター（無塩）…100g　　砂糖…80g
マロンペースト（市販品）…50g　　卵…2個
栗の渋皮煮（または甘栗か甘露煮）…100g

A
┌ 薄力粉…100g
│ アーモンドプードル…20g
│ コーンスターチ…10g
│ ベーキングパウダー…小さじ1
└ 塩…ひとつまみ

ブランデー（またはラム酒）…50㎖

下準備

● バターは室温にもどす。
● 栗は刻む。
● 型にオーブン用シートを敷く。

作り方

1 大きめのボウルにバターを入れ、なめらかなクリーム状になるまで泡立て器で混ぜる。砂糖を入れて白っぽくふんわりするまで混ぜ、マロンペーストも加えてよく混ぜ合わせる。
2 卵を溶きほぐして①に2回に分けて加え、そのつど泡立て器でよく混ぜ、栗も加えて合わせる。
3 Aを合わせてざるに入れ、②にふるう。泡立て器でしっかり混ぜ合わせて型に入れ、表面をゴムべらで平らにならす。好みで栗2個（分量外）をくし形に切り、上面に並べる。
4 180度に温めたオーブンに③を入れ、10分焼く。一度取り出してナイフで縦に切り込みを入れ、再度オーブンで30～40分焼く。竹串を刺して何もついてこなければ型から取り出し、ケーキクーラーにのせてハケでブランデーをぬる。

WEEKEND LEMON CAKE

ウィークエンドレモンケーキ

"週末に大切な人と食べる"という由来のあるケーキは、
冷蔵室に1日おくことで、しっとり感がアップします。

材料（18×8×6cmのパウンド型1台分）

バター（無塩）…100g
砂糖…100g
卵…2個
レモンの皮（国産）…1個分

A
[薄力粉…100g
  アーモンドプードル…20g
  コーンスターチ…10g
  ベーキングパウダー…小さじ1
  塩…ひとつまみ]

ブランデー（またはラム酒）…50ml

B
[粉糖…70g
  レモンのしぼり汁…大さじ1〜1½]

下準備

● バターは室温にもどす。
● レモンの皮は黄色い部分のみを細かく
  すりおろす。
● 型にオーブン用シートを敷く。

作り方

1 大きめのボウルにバターを入れ、なめらかなクリーム状
になるまで泡立て器でよく混ぜる。砂糖を入れて白っぽ
くふんわりするまで混ぜる。

2 卵を溶きほぐして①に2回に分けて加え、そのつど泡立
て器でよく混ぜ、レモンの皮も加えて合わせる。

3 **A**を合わせてざるに入れ、②にふるう。泡立て器でしっ
かり混ぜ合わせて型に入れ、表面をゴムべらで平らにな
らす。

4 180度に温めたオーブンに③を入れ、10分焼く。一度取
り出してナイフで縦に切り込みを入れ、再度オーブンで
30〜40分焼く。竹串を刺して何もついてこなければ型
から取り出し、ケーキクーラーにのせてハケでブランデ
ーをぬる。

5 合わせた**B**を④の上面にかけ、好みですりおろしたレモ
ンの皮少々（分量外）を散らす。

Savory Pound Cake

うまみの詰まった加工品や、野菜を使った塩味のケーキ。
じっくり噛みしめたくなる、奥行きのある味を召し上がれ。

SUN-DRIED TOMATO ZUCCHINI POUND CAKE

ドライトマトとズッキーニの パウンドケーキ

ドライトマトの塩けと酸味がポイントです。
ズッキーニは塩をふることで、生地となじみやすくなります。

材料（18×8×6cmのパウンド型1台分）

ドライトマト…6個
ズッキーニ…½本
卵…2個
砂糖…大さじ1

A
┌ 牛乳…70ml
│ オリーブ油…65g
│ 塩…小さじ½
└ こしょう…適量

B
┌ 薄力粉…130g
│ コーンスターチ…10g
└ ベーキングパウダー…小さじ1

下準備

● 型にオーブン用シートを敷く。

作り方

1 ドライトマトは水に浸けてもどし、半量を刻んで残りは
飾り用に好みの大きさに切る。ズッキーニは薄い輪切り
にし、飾り用に8枚ほど残して塩少々（分量外）をふり、
ペーパータオルで水けをきる。

2 大きめのボウルに卵、砂糖を入れて泡立て器でよく混ぜ
る。合わせた**A**を加え、さらにしっかり混ぜ合わせる。

3 ②に刻んだドライトマト、ズッキーニを加えてゴムべら
で混ぜる。**B**を合わせてざるに入れてふるい、しっかり
混ぜ合わせて型に入れる。表面をゴムべらで平らになら
し、飾り用のドライトマト、ズッキーニを上面に並べる。

4 180度に温めたオーブンに③を入れ、10分焼く。一度取
り出してナイフで縦に切り込みを入れ、再度オーブンで
30〜40分焼く。竹串を刺して何もついてこなければ型
から取り出し、ケーキクーラーにのせて冷ます。

CRAB WELSH ONION POUND CAKE

かにとねぎのパウンドケーキ

和の食材がケーキを一層おいしく仕上げます。
今まで味わったことのない、新しい味に出会えるはずです。

材料（18×8×6cmのパウンド型1台分）

かに缶…1缶（110g）
ねぎ…1本
卵…2個
砂糖…大さじ1

A
  牛乳…70ml
  オリーブ油…65g
  塩…小さじ½
  こしょう…適量

B
  薄力粉…130g
  コーンスターチ…10g
  ベーキングパウダー…小さじ1

下準備

● 型にオーブン用シートを敷く。

作り方

1 かには缶汁をきり、飾り用に20gほど取り分けて残りはほぐす。
2 ねぎは薄切りにし、フライパンにオリーブ油大さじ1（分量外）を熱してしんなりするまで炒める。
3 大きめのボウルに卵、砂糖を入れて泡立て器でよく混ぜる。合わせた**A**を加え、さらにしっかり混ぜ合わせる。
4 ③に②、ほぐしたかにを加えてゴムべらで混ぜる。**B**を合わせてざるに入れてふるい、しっかり混ぜ合わせて型に入れる。表面をゴムべらで平らにならし、飾り用のかにを上面に散らす。
5 180度に温めたオーブンに④を入れ、10分焼く。一度取り出してナイフで縦に切り込みを入れ、再度オーブンで30〜40分焼く。竹串を刺して何もついてこなければ型から取り出し、ケーキクーラーにのせて冷ます。

AVOCADO BACON POUND CAKE

アボカドとベーコンのパウンドケーキ

大きめに切ったアボカドとベーコンのうま味が極立つケーキです。
1切れで満たされる、ボリューム感もお気に入り。

材料（18×8×6cmのパウンド型1台分）

アボカド…1個
ベーコン…2枚
玉ねぎ…¼個
卵…2個
砂糖…大さじ1

A
  牛乳…70ml
  オリーブ油…65g
  塩…小さじ½
  こしょう…適量

B
  薄力粉…130g
  コーンスターチ…10g
  ベーキングパウダー…小さじ1

下準備

● 型にオーブン用シートを敷く。

作り方

1 アボカドは皮と種を除いてひと口大に切り、飾り用に10切れほど残す。ベーコンは粗みじん切りにし、玉ねぎはみじん切りにする。
2 フライパンにオリーブ油大さじ1（分量外）を熱し、玉ねぎ、ベーコンを入れてしんなりするまで炒め、粗熱をとる。
3 大きめのボウルに卵、砂糖を入れて泡立て器でよく混ぜる。合わせた**A**を加え、さらにしっかり混ぜ合わせる。
4 ③に②、アボカドを加え、ゴムべらで混ぜる。**B**を合わせてざるに入れてふるい、しっかり混ぜ合わせて型に入れる。表面をゴムべらで平らにならし、飾り用のアボカドを上面に並べる。
5 180度に温めたオーブンに④を入れ、10分焼く。一度取り出してナイフで縦に切り込みを入れ、再度オーブンで30〜40分焼く。竹串を刺して何もついてこなければ型から取り出し、ケーキクーラーにのせて冷ます。

CRAB WELSH ONION POUND CAKE

AVOCADO BACON POUND CAKE

基本のTOFU CAKE

豆腐を水切りせずに使うことで、驚きのしっとり感に。
ヘルシーで栄養も豊富。女性にうれしいケーキです。

COCONUT SPICE TOFU CAKE

ココナッツのスパイス豆腐ケーキ

ぎっしり詰まったココナッツで南国風味に。
もっちりとした食感とスパイスの香りに食欲もアップします。

材料（18×8×6cmのパウンド型1台分）

A
- 絹ごし豆腐…200g
- しょうがのすりおろし…1かけ分
- 砂糖…80g
- 太白ごま油（または菜種油）…50g
- 塩…ひとつまみ

ココナッツ（ロング）…50g

B
- 強力粉…70g
- 全粒粉…50g
- ベーキングパウダー…大さじ1
- シナモン（パウダー）…小さじ1
- オールスパイス（パウダー）、
- カルダモン（パウダー）…各小さじ½

下準備

● 型にオーブン用シートを敷く。

作り方

1 大きめのボウルにAを入れて泡立て器でよく混ぜ（a）、
ココナッツを加えて混ぜる（b）。

2 Bを合わせてざるに入れ、①にふるう（c）。ゴムべらで
混ぜ合わせ（d）、型に入れて表面を平らにならす（e）。

3 180度に温めたオーブンに②を入れ、10分焼く。一度取
り出してナイフで縦に切り込みを入れ（f）、再度オーブ
ンで30〜40分焼く。竹串を刺して何もついてこなければ
型から取り出し、ケーキクーラーにのせて冷ます。

BANANA WALNUTS TOFU CAKE

バナナとくるみの豆腐ケーキ

バナナのうまみをギュッと閉じ込め、ジューシーに。
くるみの食感もたまらない、ずっと食べていたくなるケーキです。

材料（18×8×6cmのパウンド型1台分）

A
- 絹ごし豆腐…200g
- バナナ（熟したもの）…1本
- 砂糖…80g
- 太白ごま油（または菜種油）…50g
- 塩…ひとつまみ
- ラム酒…あれば大さじ1

B
- 強力粉…70g
- 全粒粉…50g
- ベーキングパウダー…大さじ1

くるみ…60g

下準備

- くるみは160度に温めたオーブンで10分ほど焼き、粗熱がとれたら刻む。
- **A**のバナナはつぶす。
- 型にオーブン用シートを敷く。

作り方

1 大きめのボウルに**A**を入れて泡立て器でよく混ぜる。

2 **B**を合わせてざるに入れ、①にふるう。くるみも加えてゴムべらで混ぜ合わせ、型に入れて表面を平らにならす。

3 180度に温めたオーブンに②を入れ、10分焼く。一度取り出してナイフで縦に切り込みを入れ、再度オーブンで30〜40分焼く。竹串を刺して何もついてこなければ型から取り出し、ケーキクーラーにのせて冷ます。

COOKIE MUFFIN 111 SCONE CAKE

基本のBROWNIE

なめらかで濃厚な、定番チョコレートケーキ。
キメの細かい生地が溶けていく、至福のおやつタイムをどうぞ。

APPLE GINGER BROWNIE

アップルジンジャーブラウニー

ゴロゴロと入った角切りのりんごが美味。
しょうがの風味が全体をピリッと引き締めます。

材料（21×16.5×3cmのバット1台分）

りんご…1個

A ［ミルクチョコレート…130g
　　バター（無塩）…90g

砂糖…80g

卵…2個

しょうがのすりおろし…1かけ分

B ［薄力粉…40g
　　ココア（パウダー）、コーンスターチ
　　…各10g

下準備

●バットにオーブン用シートを敷く。

作り方

1 りんごは皮つきのまま1cm角に切り、フライパンにバター小さじ1（分量外）を熱してしんなりするまで炒める(a)。

2 ボウルに**A**を入れ、湯せんにかけて溶かす。

3 ②に砂糖を入れ(b)、泡立て器でよく混ぜる。溶きほぐした卵を2回に分けて加え、そのつど混ぜ合わせる。しょうがを加え(c)、さらに混ぜる。

4 **B**を合わせてざるに入れ、③にふるう(d)。①も加えてゴムべらで混ぜ合わせ(e)、バットに流し入れる(f)。

5 170度に温めたオーブンに④を入れ、15分焼く。温度を150度に下げ、再度15分焼く。竹串を刺して何もついてこなければ型から取り出し、ケーキクーラーにのせて冷ます。

S'MORE BLONDIE

MATCHA BROWNIE

抹茶ブラウニー | チョコレートを食べていると錯覚しそうなほど、
密度のあるリッチなケーキ。抹茶のグリーンも鮮やかでキレイ。

材料（21×16.5×3㎝のバット1台分）

A [ホワイトチョコレート…130g
バター（無塩）…90g

砂糖…90g

卵…2個

B [薄力粉…40g
抹茶（パウダー）、コーンスターチ
…各10g

くるみ…70g

下準備

- くるみは160度に温めたオーブンで10分ほど焼き、粗熱がとれたら刻む。
- バットにオーブン用シートを敷く。

作り方

1 ボウルに**A**を入れ、湯せんにかけて溶かす。
2 ①に砂糖を入れ、泡立て器でよく混ぜる。溶きほぐした卵を2回に分けて加え、そのつど混ぜ合わせる。
3 **B**を合わせてざるに入れ、②にふるう。くるみも加えてゴムべらで混ぜ合わせ、バットに流し入れる。
4 170度に温めたオーブンに③を入れ、15分焼く。温度を150度に下げ、再度15分焼く。竹串を刺して何もついてこなければ型から取り出し、ケーキクーラーにのせて冷ます。

S'MORE BLONDIE

スモアブロンディー | 生地をブロンド色に焼き上げるブロンディー
"S'MORE=もっと欲しい"の名の通り、どんどん食べたくなってしまうおいしさです。

材料（21×16.5×3㎝のバット1台分）

バター（無塩）…80g

砂糖…60g

卵…1個

ラム酒（またはブランデー）…小さじ1

A [薄力粉、アーモンドプードル
…各50g
全粒粉…20g
ベーキングパウダー、
シナモン（パウダー）…各小さじ½

マシュマロ…30g

ビターチョコレート…70g

下準備

- バットにオーブン用シートを敷く。
- チョコレートは粗く刻む。

作り方

1 大きめのボウルにバターを入れ、なめらかなクリーム状になるまで泡立て器でよく混ぜる。砂糖を加え、白っぽくふんわりするまで混ぜる。
2 卵を①に割り入れ、泡立て器でよく混ぜる。ラム酒を加え、さらに混ぜ合わせる。
3 **A**を合わせてざるに入れ、②にふるう。マシュマロ、チョコレートも加えてゴムべらで混ぜ合わせ、バットに流し入れる。
4 170度に温めたオーブンに③を入れ、15分焼く。温度を150度に下げ、再度10分焼く。竹串を刺して何もついてこなければ型から取り出し、ケーキクーラーにのせて冷ます。

STRAWBERRY WHITE CHOCOLATE BLONDIE

いちごとホワイトチョコの ブロンディー

ひと口で笑顔がこぼれるケーキです。
ホワイトチョコ×いちごで間違いないおいしさに。

材料（21×16.5×3cmのバット1台分）

バター（無塩）…80g
砂糖…60g
卵…1個
ラム酒（またはブランデー）…小さじ1
A ┌ 薄力粉、アーモンドプードル
  │   …各50g
  │ 全粒粉…20g
  │ ベーキングパウダー、
  └   シナモン（パウダー）…各小さじ½
いちご…8個
ホワイトチョコレート…80g

下準備

● チョコレートは粗く刻む。
● いちごは縦半分に切る。
● バットにオーブン用シートを敷く。

作り方

1 大きめのボウルにバターを入れ、なめらかなクリーム状になるまで泡立て器でよく混ぜる。砂糖を加え、白っぽくふんわりするまで混ぜる。

2 卵を①に割り入れ、泡立て器でよく混ぜる。ラム酒を加え、さらに混ぜ合わせる。

3 Aを合わせてざるに入れ、②にふるう。いちご、チョコレートも加えてゴムべらで混ぜ合わせ、バットに流し入れる。

4 170度に温めたオーブンに③を入れ、15分焼く。温度を150度に下げ、再度10分焼く。竹串を刺して何もついてこなければ型から取り出し、ケーキクーラーにのせて冷ます。

基本のCHEESECAKE

みんなが大好きなチーズケーキもホーローバットにお任せ。
定番に、アレンジメニューも…好みの味はどれですか？

CHEESECAKE

チーズケーキ | シンプルなおいしさが際立ちます。ザクザクのクッキー生地と
Wクリームの濃密なチーズ生地で最高の出来栄えに。

材料（21×16.5×3㎝のバット1台分）
全粒粉クッキー…130g
溶かしバター（無塩）…50g
A［クリームチーズ…200g
　 サワークリーム…100g
B［砂糖…50g
　 溶き卵…1個分
　 レモンのしぼり汁…大さじ1
　 コーンスターチ…10g

下準備
●Aは室温にもどす。

作り方
1 保存袋にクッキーを入れ、上からボウルの底で押して細かく砕く（a）。
2 ①に溶かしバターを加えてよく混ぜ合わせる。バットに入れ、スプーンの背で均等に敷き詰める（b）。
3 大きめのボウルにAを入れて泡立て器でよく混ぜ合わせる（c）。Bを表記順に加え（d）、そのつど泡立て器でよく混ぜ合わせる。②に流し入れ（e）、ゴムべらで表面を平らにならす。
4 170度に温めたオーブンに③を入れ、15分焼く。一度取り出して天板に熱湯を注ぎ（f）、温度を150度に下げて20分湯せん焼きにする。竹串を刺し、何もついてこなければケーキクーラーにのせて粗熱をとり、冷蔵室で冷やす。

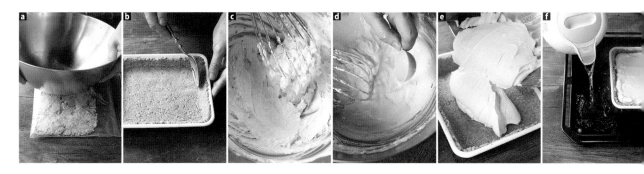

COCONUT PINEAPPLE CHEESECAKE

ココナッツとパインのチーズケーキ

ココナッツとパインは酸味のあるチーズケーキにピッタリ。
シャキシャキとした食感やフルーティさをプラスします。

材料（21×16.5×3cmのバット1台分）

A [クリームチーズ…200g
  [サワークリーム…100g

B [砂糖…50g
  [溶き卵…1個分
  [レモンのしぼり汁…大さじ1
  [コーンスターチ…10g

パイナップル（缶詰）…3切れ
ココナッツ（ロング）…大さじ2

下準備

● Aは室温にもどす。

作り方

1 大きめのボウルにAを入れて泡立て器でよく混ぜ合わせる。Bを表記順に加え、そのつど泡立て器でよく混ぜ合わせる。バットに流し入れ、ゴムべらで表面を平らにならす。

2 パイナップルを食べやすい大きさに切って①に均等にのせ、ココナッツを散らす。

3 170度に温めたオーブンに②を入れ、15分焼く。一度取り出して天板に熱湯を注ぎ、温度を150度に下げて20分湯せん焼きにする。竹串を刺し、何もついてこなければケーキクーラーにのせて粗熱をとり、冷蔵室で冷やす。

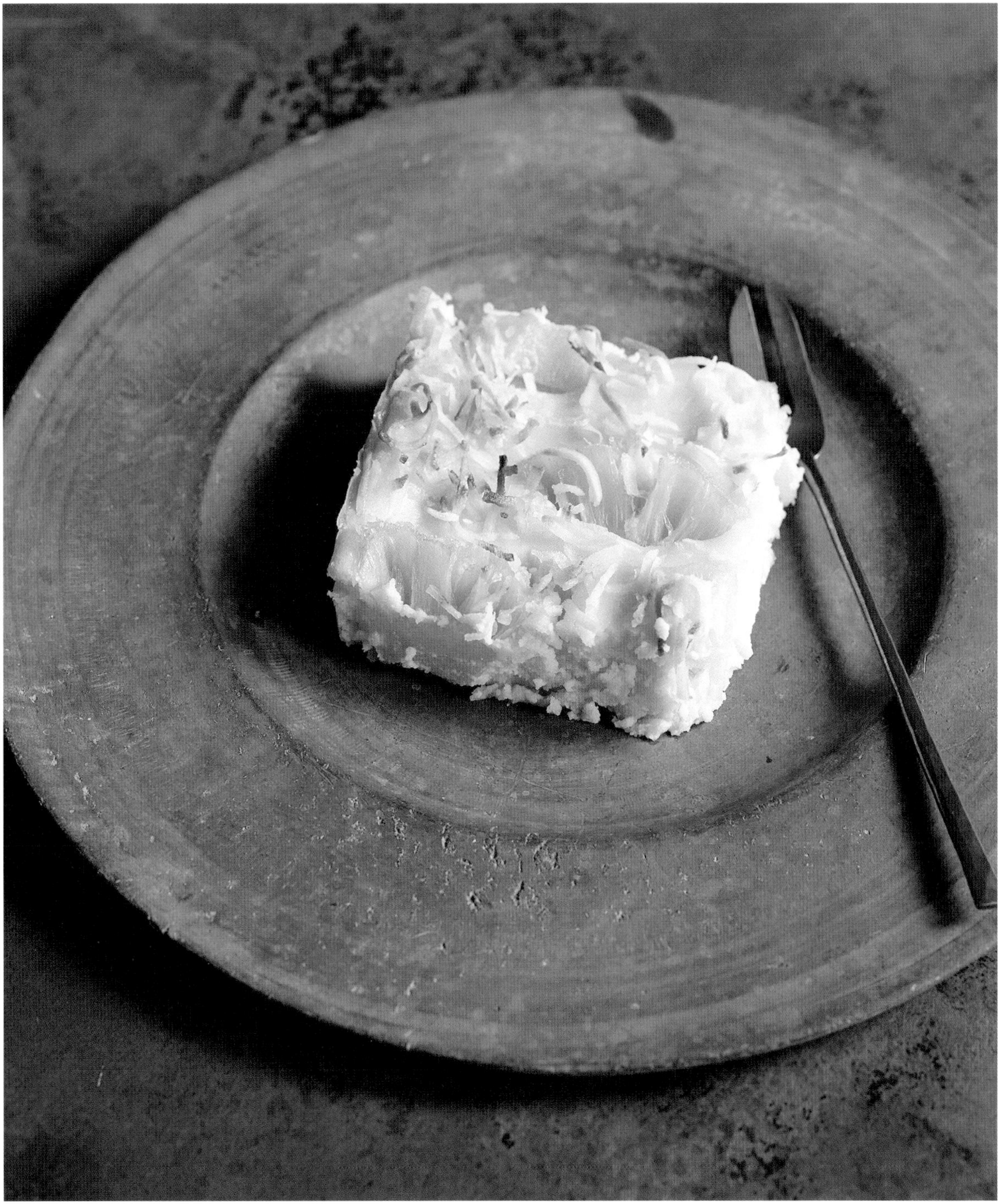

FRESH TOMATO CHEESECAKE

フレッシュトマトのチーズケーキ

たっぷりのせたミニトマトがみずみずしいチーズケーキ。
甘くないので、前菜として食べても◎。

材料（21×16.5×3cmのバット1台分）

全粒粉クッキー…130g
溶かしバター（無塩）…50g

A
- クリームチーズ…200g
- サワークリーム…100g

B
- 砂糖…10g
- 塩（ハーブ入り）…小さじ1
- 溶き卵…1個分
- レモンのしぼり汁…大さじ1
- コーンスターチ…10g
- こしょう…少々

ミニトマト…約20個
バジル…適量

下準備
● **A**は室温にもどす。

作り方

1 保存袋にクッキーを入れ、上からボウルの底で押して細かく砕く。

2 ①に溶かしバターを加えてよく混ぜ合わせる。バットに入れ、スプーンの背で均等に敷き詰める。

3 大きめのボウルに**A**を入れて泡立て器でよく混ぜ合わせる。**B**を表記順に加え、そのつど泡立て器でよく混ぜ合わせる。②に流し入れ、ゴムべらで表面を平らにならす。

4 170度に温めたオーブンに③を入れ、15分焼く。一度取り出して天板に熱湯を注ぎ、温度を150度に下げて20分湯せん焼きにする。竹串を刺し、何もついてこなければケーキクーラーにのせて粗熱をとり、冷蔵室で冷やす。

5 ミニトマトを半分に切って④に並べ、バジルを飾る。

FAR BRETON

卵と生クリームたっぷり、もっちりとしたケーキです。
極上のカスタード風味には、酸味のあるフルーツがよく合います。

PRUNE FAR BRETON

プルーンのファーブルトン

ラム酒に浸けたプルーンがファーブルトンを風味よく、
一段といい味に仕上げます。ドライフルーツは好みのものでもOK。

材料（21×16.5×3cmのバット1台分）
プルーン（種抜き）…16個
ラム酒（またはバニラエクストラクト）
　…40g
卵…1個
卵黄…1個分
砂糖…40g
薄力粉…40g
生クリーム…40㎖
牛乳…100㎖
バター（無塩）…20g

作り方
1 プルーンはラム酒をかけ、6時間ほどおく（a）。
2 大きめのボウルに卵、卵黄を溶きほぐし、砂糖を加えて
　泡立て器でしっかりすり混ぜる（b）。
3 ざるに薄力粉を入れて②にふるい、泡立て器で混ぜ合わ
　せる（c）。生クリーム、牛乳、①のラム酒を加え、なめ
　らかになるまでよく混ぜる（d）。
4 バットの内側にバター適量（分量外）を薄くぬり、薄力粉
　少々（分量外）を上からふるって余分な粉をはたき落とす
　（e）。③を流し入れ、プルーン、1cm角に切ったバター
　を全体に散らす（f）。
5 200度に温めたオーブンに④を入れ、10分焼く。温度を
　170度に下げ、再度30分焼く。

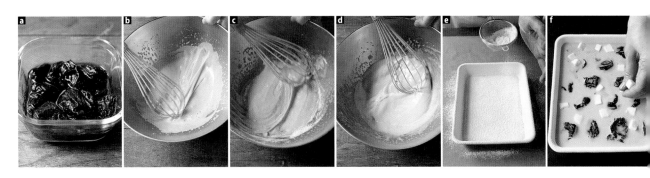

道具と材料

ボウル

材料を混ぜるのはもちろん、ボウルに直接粉をふるったりもするので、大きめサイズがおすすめです。写真は直径23cmの柳宗理のステンレス製ボウル。深さもしっかりあるので、勢いよく混ぜても材料がこぼれにくく、お菓子作りに重宝します。

型

マフィン型はフッ素樹脂加工のもの（26.6×18×3.1cm）を使用しています。それに合わせて紙カップは直径7cm（8号）でグラシン紙製のものを使用しています。Cakeの章では「ステンレス製のパウンド型（18×8×6cm）」と「ホーロー製のバット（21×16.5×3cm）」を使用。

ざる

主に粉をふるったり、水けをきったりする際に使用。ステンレス製で目が細かく、持ち手がついているタイプが使いやすいです。粉はボウルに直接ふるうこともあるので、ざるはボウルよりも直径が小さいものを選ぶと、材料がこぼれにくいです。

カード

材料を混ぜる、生地を切るなど、ひとつで何役もこなす万能アイテムです。粉をふるうときは、ざるの上からカードでこするようにすると、粉がこぼれることなくスムーズに行えます。カードは素材がかたいほうが、作業中に曲がったりせずに使いやすいです。

泡立て器・ゴムべら

泡立て器は大きめのものがひとつあれば十分。使う際はボウルの内側に沿って素早く動かすことで、まんべんなく混ぜられます。ゴムべらは材料を混ぜたり、生地を平らにするときに使用。へら部分が耐熱性のゴムのものが、食材や用途を選ばないので実用的です。

オーブン用シート

クッキーやスコーンを焼く際は天板に敷き、ケーキを焼く際は型に沿うように敷くことで、生地が天板や型にくっつくのを防ぎます。また、ざるより大きいボウルがない場合は、オーブン用シートの上にふるいましょう。シートごと持ち上げてボウルに移せるので便利です。

本書で使っている「調理道具」と「材料」をご紹介します。
道具はどれも身近なものばかり。揃えておくと便利です。
材料はお手元にあるものでOKですが、商品選びのご参
考までにチェックを。

粉

薄力粉はしっとり仕上がる「北海道産製菓用薄力粉 ド
ルチェ」を。香ばしさをプラスできる全粒粉は、ふす
ま・胚芽を残して製粉した「アリサン 全粒強力粉」。生
地をふくらますのに不可欠なベーキングパウダーはア
ルミニウムフリーの「ラムフォード」を。

油・バター

油はごま油の「マルホン太白胡麻油」、エクストラヴァ
ージンオリーブ油の「ロムロ」、菜種油の「なたねサラダ
油」を使用。太白ごま油、菜種油は甘いお菓子に◎。
オリーブ油は塩味のお菓子向き。バターは「よつ葉フ
レッシュバター（食塩不使用）」を。

砂糖・塩

砂糖は上白糖ではなく、精製度が低く漂白をしていな
い「洗双糖」を。ミネラルやビタミンが豊富で、やさし
い甘さがお菓子のおいしさを一層引き出します。塩は、
塩自体にうまみのあるフランス産「ゲランドの塩」。粒
が大きいものと小さいものがあるので好みのものを。

チョコレート

チョコレートはすべて製菓用チョコレートを使用して
います。特におすすめなのがフランス・ヴァローナの
ミルクチョコレート「ヴァローナ ジヴァラ・ラクテ」。
バニラの香りが豊かで、味わいも贅沢！ 手作りお菓
子のレベルをグンと引き上げます。

スパイス

シナモン、フェンネル、オールスパイス、カルダモン
など、スパイスを上手に取り入れることで、スコーン
やケーキの風味に広がりが出て、本格的な味わいに仕
上がります。「使い慣れてないから…」と敬遠するのは
もったいない！ ぜひ一度、お試しください。

ナッツ・ドライフルーツ

一度にたくさん作れるスコーンやケーキを食べ飽きさ
せない工夫は「食感」と「酸味」です。くるみやアーモンド
などのナッツを加えることで、カリカリとした歯ごた
えがアクセントになり、フルーツやドライフルーツの
甘酸っぱさを加えることで味が単調になりません。

真藤舞衣子 *Maiko Shindo*

料理家。カフェ「マイアンmy-an」（山梨市）のオーナー。東京生まれ。会社勤務を経て、1年間京都の大徳寺内塔頭、龍光院にて茶道生活や畑作業、土木作業をしながら生活する。その後、フランスのリッツエスコフィエに留学し、ディプロマ取得。現在は、東京と山梨で料理教室の主催や店舗プロデュース、レシピ開発などを手がけ、ラジオ、テレビのレギュラーコメンテーターや料理番組に出演。山梨大使としても活動中。著書に『和えもの』『煮もの炊きもの』『ボウルひとつで作れるこねないパン』（小社刊）、『からだが整う発酵おつまみ』（立東舎）など。http://my-an.com/

STAFF

撮影	福尾美雪
アートディレクション・デザイン	吉井茂活（MOKA STORE）
取材・スタイリング	中田裕子
校閲	滄流社
調理アシスト	真藤眞榮 遠藤由梨
編集	上野まどか

撮影協力
UTUWA
AWABEES

ボウルひとつで作れる たくさんの焼き菓子

著　者　真藤舞衣子
編集人　小田真一
発行人　倉次辰男
発行所　株式会社 主婦と生活社
　　　　〒104-8357 東京都中央区京橋3-5-7
　　　　編集部　TEL.03-3563-5321
　　　　販売部　TEL.03-3563-5121
　　　　生産部　TEL.03-3563-5125
　　　　https://www.shufu.co.jp
　　　　ryourinohon@mb.shufu.co.jp
製版所　東京カラーフォト・プロセス株式会社
印刷所　大日本印刷株式会社
製本所　株式会社若林製本工場

ISBN978-4-391-15522-8

読者アンケートにご協力ください。
この度はお買い上げいただきありがとうございました。「ボウルひとつで作れるたくさんの焼き菓子」はいかがだったでしょうか？　右上のQRコードからアンケートにお答えいただけると幸いです。ご協力いただいた方の中から、抽選で20名様に、小社刊行物（料理本）をプレゼントいたします（刊行物の指定はできませんので、ご了承ください）。当選者の発表は商品の発送をもってかえさせていただきます。

お送りいただいた個人情報は、今後の編集企画の参考としてのみ使用し、他の目的には使用いたしません。詳しくは当社のプライバシーポリシー（https://www.shufu.co.jp/privacy）をご覧ください。